Als Adam grub und Eva spann

Fröhliche Wissenschaft 218

Rüdiger Haude

Als Adam grub und Eva spann

Herrschaftsfeindschaft in der Hebräischen Bibel

Inhalt

Einleitung

When Adam delved and Eve span
Who was then the Gentleman?

Religion ist, nach dem berühmten Diktum von Karl Marx, das »Gemüt einer herzlosen Welt«, der »Seufzer der bedrängten Kreatur«.[1] Platter Religionskritik war Marx hier weit voraus. Denn man kann von ihm lernen: In der Wegnahme des »Opiums«, des Ersatzmittels eines bessern Lebens, läge alleine noch keine Emanzipationsperspektive. Gleichwohl verfolgte Marx den Ansatz, mit der Religionskritik die Menschen zu »enttäuschen«, damit sie zu denken und zu handeln begännen. Diese Strategie hätte schon damals eine empirische Überprüfung gelohnt.

Marx' Analyse stimmte zwar gewiss für religiöse Praxis, wie sie ihm im europäischen 19. Jahrhundert vor Augen stand. Das Möglichkeitsspektrum von Religion ist damit aber keineswegs erschöpft. Religion kann auch der *zornige Aufschrei* jener bedrängten Kreatur sein; und sogar der *Schutzschild*, der sie vor der Bedrängung gerade bewahrt. Hätte Marx einen Blick auf die zu seinen Lebzeiten in den USA gegründeten utopischen Kommunen geworfen, wäre ihm vielleicht aufgefallen, dass nur jene längeren Bestand hatten, die sich nicht auf Robert Owen oder Charles Fourier beriefen, sondern auf Gott.[2]

Das vorliegende Buch fragt, wie die herrschaftskritische Seite jenes Möglichkeitsspektrums in unserer eigenen religiösen Tradition, in ihrer Heiligen Schrift und der darin geschilderten Geschichte angelegt ist. Denn von funktionaler Ambivalenz legt gerade die jüdisch-christliche Bibel eindrucksvoll Zeugnis ab, sowohl in ihrem Textkorpus als auch in ihrer Wirkungsgeschichte. »Als Adam grub und Eva spann, wer war da der Edelmann?« Der berühmte Ausspruch des englischen Geistlichen und Revolutionärs John Ball aus dem Jahr 1381 munitionierte später auch die deutschen Bauernkriege und verschwand seitdem nicht wieder aus der volkstümlichen Spruchweisheit.[3] Er zeigt, dass die Bibel nicht erst seit der Theologie der Befreiung im 20. Jahrhundert eine Inspirationsquelle für Klassenkämpfe und herrschaftsfeindliche Aufstandsbewegungen war. Es ist in die DNA dieses Buches eingeschrieben. Gewiss, man kann auch Herrschaftslegitimation aus der heterogenen Textsammlung der Heiligen Schrift herauslesen; und das ist für zwei Jahrtausende die dominante Lesart gewesen. Max Horkheimer nannte diese Auslegungstradition den

»grimmigsten Hohn, der je einem Gedanken widerfuhr«.[4] Er bezog sich hier auf die Lehre Jesu gemäß den Evangelien, aber sein Satz ist ohne Weiteres auch auf die Hebräische Bibel zu übertragen.

Die Aufgabe, den Gedanken vor grimmigem Hohn zu bewahren, ist eine anhaltend wichtige Aufgabe. Denn global betrachtet, ist die ideologische, also auch politische und soziale Wirkung der Bibel kaum zu überschätzen. Dass im Jahr 2020 weltweit 30 Millionen vollständige Bibeln gedruckt und verbreitet wurden, wird von der Deutschen Bibelgesellschaft mit dem Adverb »lediglich« versehen und teils mit der Covid-19-Pandemie, teils mit der wachsenden digitalen Bibelverbreitung begründet.[5] Kein anderes Buch hat auch nur ansatzweise eine solche Verbreitung gefunden, und nur wenige andere verfügen als »heilige Schriften« über eine so hohe Autorität wie die Bibel. Schon deshalb lohnt es sich, dieses Buch zu öffnen, genau hineinzuschauen und es aus der jahrtausendealten Tradition einer Legitimation politischer Schandtaten – von den Kreuzzügen über den großen transatlantischen Genozid des 16. Jahrhunderts bis zur Herrschaftslegitimation der grausamsten Despoten in der neuesten Zeit – zu befreien.

Auch die biblisch fundierten Gegenbewegungen waren oft nicht frei von ›totalitären‹ Versuchungen; die Geschichte der mittelalterlichen

Taboriten oder der Wiedertäufer zeigt diese Ambivalenzen.[6] Michael Walzer hat demonstriert, wie sich der Messianismus bereits biblisch als ›rechte‹ Variante der Befreiungssehnsucht aus der ›linken‹ Exodus-Tradition heraus entwickelte.[7] Der egalitäre Seufzer der bedrängten Kreatur lässt sich aus beiden Bewegungen herauslesen. Die im englischen Bürgerkrieg Mitte des 17. Jahrhunderts wie Pilze aus dem Boden schießenden protestantischen Sekten, die Ranters, Leveller, Antinomians, Quäker und Digger zeigen – sosehr sie sich sonst unterschieden – alle das biblisch beglaubigte Unverständnis darüber, dass einige Menschen über den anderen stehen sollten. Die Welt stand auf dem Kopf.[8]

Dass die Sklaven der neuen Welt sich vor allem mit der Exodus-Erzählung identifizierten, liegt an der paradigmatischen Funktion jenes Narrativs: Nicht um individuelle Freilassung ging es in Gospels wie »Let my people go«, sondern um kollektive Befreiung.[9] Aber die Tradition der radikalen englischen Sekten prägte auch noch die Gründerväter der Vereinigten Staaten von Amerika, wenn etwa Benjamin Franklin seinem Entwurf des Großen Amtssiegels der USA die Umschrift zudachte: »Widerstand gegen Tyrannen ist Gehorsam Gott gegenüber.«[10]

Gehorsam Gott gegenüber – oder einfach nur ein Gebot der politischen Moral. Einer »säkularen und sozialistischen Version der biblischen Verheißung« konnten sich zum Beispiel Teile der zionistischen Bewegung verpflichtet fühlen, die sich insbesondere in der Kibbuz-Bewegung äußerten.[11] Hierhin gehört auch der Philosoph Martin Buber, der einer ganzen Generation dem Judentum entstammender Intellektueller zuzurechnen ist, welche die Erlösungstraditionen der Hebräischen Bibel in säkulares Befreiungsdenken transformierten.[12] Sie haben, etwa in Gestalt der Kritischen Theorie, einen großen (und nicht den schlechtesten) Einfluss auf die Ideengeschichte Europas genommen. Was aus den herrschaftskritischen Passagen der Bibel zu lernen ist, muss keineswegs den Frommen vorbehalten bleiben.

Eine Schnittstelle zwischen religiösem Motiv und säkularer Methode liegt mit der historisch-kritischen Bibelexegese vor. Sie überprüft die Erzählungen der Heiligen Schrift mit den Methoden der säkularen Kultur- und der Naturwissenschaften. Gleichwohl kann sie nur zutage fördern, was im Horizont einer jeweiligen Generation denk- und sagbar ist. Von den 1970er- bis 1990er-Jahren kamen so die herrschaftsfeindlichen Traditionsstränge der Bibel in den Blick der Forschung. Sie profitierten von interdisziplinärer Befruchtung nicht nur durch moderne Methoden der Archäologie, sondern auch durch Modellbildungen der Ethnologie und der Soziologie.

Hier spielte der in Münster wirkende Soziologe Christian Sigrist mit seinem ethnologischen Ansatz einer *Regulierten Anarchie* zeitweise eine herausragende Rolle. Diese spiegelt sich im vorliegenden Band darin wider, dass zwei der Texte sich explizit auf meinen späten Lehrer Sigrist beziehen: ein Beitrag zur Festschrift, die anlässlich seines 65. Geburtstags erschien; und mein Nachruf auf den 2015 Verstorbenen.

Der Herrschaftsfreiheitsansatz ist in der Geschichte-Israels-Forschung inzwischen etwas aus der Mode gekommen. Ich denke, dass diese Entwicklung weniger mit den neuen Erkenntnissen der biblischen Wissenschaften zu tun hat als mit den Veränderungen in unserer gegenwärtigen Diskurslandschaft, auf die ich im ersten Kapitel kurz eingehe. Denn was mit guten (unter anderem: archäologischen) Gründen bestritten wird, ist nicht die egalitäre Gründung Israels im palästinischen Hochland, sondern viel mehr die Annahme eines späteren davidisch-salomonischen »Reiches« bzw. Flächenstaates. Die politische Logik jener monarchischen Epoche wird heute eher als »Häuptlingstum« gefasst bzw. mit »Protostaatlichkeit« in Verbindung gebracht.[13] Im Zusammenhang damit wird dann die Frontstellung zwischen dieser ›unfertigen‹ Staatlichkeit und der herrschaftsfreien Tradition entdramatisiert. Man habe es demnach nur mit dem üblichen

Stadt-Land-Gegensatz zu tun. Wieso diese wenig aufregende Konstellation zu so spektakulären literarischen Verarbeitungen führte, wie sie in der Hebräischen Bibel bewahrt wurden, bedürfte dann aber noch einer Begründung. Erst recht, wenn es in einer neueren Einführung in das Alte Testament heißt, der »Horizont der Quellen« des sogenannten deuteronomistischen Geschichtswerks sei »der Staat als gesellschaftliche Problemlösung« gewesen, selbst wenn Passagen aus »nichtstaatlichen Lebenszusammenhängen« stammten; Letztere würden »trotz aller Kritik den Staat als selbstverständlichen Rahmen alles Gesellschaftlichen betrachten«.[14] Wie man eine solche Einschätzung etwa aus den vorderen Kapiteln des Richterbuchs ableiten kann, gibt Rätsel auf. Setzen wir hier nur das Wort des letzten Richters Samuel dagegen, der bei seiner Amtsniederlegung »zum ganzen Israel« von dem »großen Übel« sprach, »das ihr vor des HERRN Augen getan habt, dass ihr euch einen König erbeten habt« (1 Sam 12, 17).

Die Aufgabe einer historischen Kontextualisierung solcher Passagen wird auch dadurch nicht kleiner, dass man die Entstehung der herrschaftsfeindlichen Passagen auf eine viel spätere Zeit datiert. Denn dann muss man ja begründen, wie soziologisch präzise, aber kontraempirische Geschichtsschilderungen aus dem Nichts erfunden werden konnten. Man muss dann erst recht erklären, aus welchen Quellen ein dann im eigentlichen Sinne *utopisches* Denken sich gespeist haben könnte. Und warum es die bessere Welt nicht in der Mythologie, sondern in der Geschichte verortete.

Auch mit dem Erkenntnisinteresse, aus der Bibel Befreiungsperspektiven abzuleiten, sind jedoch solche Spätdatierungen vorgeschlagen worden, zum Beispiel in den sehr anregenden Schriften von Ton Veerkamp.[15] Bei vielen biblischen Texten ist dies auch sprachanalytisch gut zu begründen, doch betrifft dies ja die kanonisierte Endgestalt der Texte und beantwortet die Frage nicht abschließend, welches ältere Material darin eingeflossen sein kann. Meine Überzeugung, dass die Moral oder Botschaft vieler der herrschaftsfeindlichen Bibelpassagen nur dann überzeugend kontextualisiert werden kann, wenn man eine lebendige Erfahrung beziehungsweise Erinnerung des Kontrasts zwischen Herrschaftsstruktur und Herrschaftsfreiheit annimmt, ist jedenfalls noch nicht mit plausiblen Beweisen entkräftet worden.

Das vorliegende Buch legt von meiner Beschäftigung mit diesem Themenkomplex Zeugnis ab. Es startet mit einer ideengeschichtlichen Einordnung des hier vertretenen Ansatzes. Darauf folgt mit einer Erörterung zur Schrift-Politologie ein grundsätzlicher Angriff auf ein starr evolutionistisches Denken, das so oft noch zu Zirkelschlüssen in der historischen und archäologischen Hypothesenbildung führt. Hieran schließt sich ein mythenanalytischer Text an, der die zentrale politisch legitimierende bzw. delegitimierende Rolle dieses ideologischen Texttyps betont. Und das abschließende Kapitel findet Ähnliches in der prophetischen Literatur, wo der Blick auf Textpassagen gelenkt wird, die normalerweise übersehen werden.

Die vier Texte sind teils vor über zwanzig Jahren an – zumindest heute – schwer zugänglichen Orten publiziert worden. Es ist reizvoll, sie heute noch einmal einem neuen Publikum vorzulegen und sie dabei erstmals durch ihre Zusammenfassung zwischen zwei Buchdeckeln miteinander in Austausch treten zu lassen. Für die Gelegenheit hierzu danke ich dem Verlag Matthes & Seitz Berlin herzlich. Mein Dank gilt ferner Thomas Wagner, der nicht nur die Entstehung der vorliegenden Texte im kollegialen Austausch konstruktiv begleitet hatte, sondern auch als Erster die Anregung für die hier vorliegende Zusammenstellung gab.

Aachen, im Januar 2022
Rüdiger Haude

Christian Sigrist, der Verfasser der »Regulierten Anarchie«, starb am 14. Februar 2015, kurz vor seinem achtzigsten Geburtstag. Anstelle eines klassischen Nachrufs veröffentlichte ich am 21. März 2015 den nachfolgenden Text in der Tageszeitung junge welt, *genauer gesagt: in deren Beilage »faulheit und arbeit«.*

In diesem Beitrag hebe ich die Bedeutung Sigrists für das herrschaftskritische Paradigma der Bibelexegese hervor und stelle sie in ihren ideengeschichtlichen Kontext. An jenes Paradigma knüpfen auch die weiteren Texte des vorliegenden Bandes an. Es erscheint deshalb angebracht, diesen Nachruf zur Orientierung an den Beginn dieser kleinen Textsammlung zu stellen.

Anarchie im gelobten Land
Christian Sigrists unverhoffter Beitrag zur Religionswissenschaft

Das Schlagwort von der Interdisziplinarität muss keine leere Hülse sein – das zeigt das wissenschaftliche Wirken von Christian Sigrist, der die ethnologische Einsicht in die Möglichkeit, ohne Befehl und Gehorsam zusammenzuleben, in die Soziologie einspeiste. Damit konnte man sich Gedanken darüber machen, wie der Abbau von Herrschaft in der Gegenwart möglich ist – anthropologische Hindernisse standen dem jedenfalls nicht entgegen. Sigrists wichtigstes Buch – die *Regulierte Anarchie* von 1967[1] – schlug ironischerweise aber in noch einem ganz anderen Fach die höchsten Wellen: in der Religionswissenschaft.

Sigrist hatte die heidnischen »segmentären Gesellschaften« Afrikas untersucht, bei denen die Verwandtschaftsstruktur das politische Regulativ lieferte, das andernorts durch herrschaftliche Gewalt ersetzt wurde. Diese segmentären Gesellschaften hatten, wie sich zeigte, eine recht genaue Analogie in den zwölf »Stämmen« Israels, von denen die Bibel berichtet, dass sie eine ganze Weile im »gelobten Land« lebten, bevor sie sich ungefähr 1000 Jahre vor unserer Zeitrechnung zum ersten Mal einen König gaben.

Nicht, dass eine solche Analogiebildung 1967 ganz neu gewesen wäre. Schon der französische Soziologe Émile Durkheim, der den Begriff »segmentäre Gesellschaft« um die vorletzte Jahrhundertwende geprägt hatte, hatte die »Hebräer« diesem segmentären Typus zugeschlagen, bei dem die Familien »in freier Selbständigkeit nebeneinander« lebten.[2] Und zur gleichen Zeit hatte in Deutschland der protestantische Theologe Julius Wellhausen ebendiese Hebräer als Parallelfall behandelt, als er die Araber seiner Zeit als »Ein Gemeinwesen ohne Obrigkeit« beschrieb.[3]

Die britischen Ethnologen, auf die Sigrist sich in der *Regulierten Anarchie* hauptsächlich bezog, haben in ihren Lehrveranstaltungen die Bibel ständig als Mittel zur Veranschaulichung herangezogen. Namentlich Edward E. Evans-Pritchard, der in den 1930er-Jahren die Nuer im Südsudan erforschte, versicherte, bei diesen fühle sich der Ethnologe und der Missionar wie in alttestamentlichen Zeiten. Was ihm bei den Nuer außerdem auffiel, fasste er in die Worte: »Die geordnete Anarchie, in der sie leben, passt gut zu ihrem Charakter, denn es ist unmöglich, unter den Nuer zu leben und sich vorzustellen, dass Herrscher über sie herrschen.«[4] Der logische Rückschluss auf politische Verhältnisse und »Charakter« der Menschen in alttestamentlichen Zeiten musste nur noch ausdrücklich vollzogen werden. Und dies geschah in einer Zeit, als man auch begann, die biblischen Mythologien mit dem Instrumentarium der strukturalistischen Ethnologie zu analysieren. Die Begegnungsgeschichte von Bibelwissenschaft und Ethnologie hat der Theologe Bernhard Lang 1984 in einem Aufsatz mit dem Titel »Spione im gelobten Land« dargestellt.[5] Christian Sigrist spielt darin eine wichtige Rolle.

Sigrists Leistung besteht einerseits darin, die Arbeiten der britischen *social anthropologists* dahingehend systematisiert zu haben, dass er die politische Rolle des Verwandtschaftssystems in den segmentären staatslosen Gesellschaften präzise bestimmte und mit kulturellen Phänomenen wie dem ausgeprägten Gleichheitsbewusstsein oder mit ökonomischen Bestimmungen wie egalitären Erbrechtsregelungen in Zusammenhang brachte. Er beschrieb kulturvergleichend die politisch exponierten Rollen (»Instanzen«) in diesen Kulturen, die Arbeitsteilung und andere Dimensionen der Ungleichheit, und zeigte, wie diese davon abgehalten wurden, in verfestigte Befehl-Gehorsams-Strukturen abzugleiten. Außerdem analysierte er Widerstandsbewegungen, die sich als Folge einer Staatsentstehung herausbildeten, solange das vorstaatliche »Gleichheitsbewusstsein« noch nicht zurückgedrängt war. Mit dem aus der politischen Soziologie Max Webers entlehnten Konzept der Regulierten Anarchie verpasste er den Einsichten der *social anthropologists* eine fruchtbare politische Zuspitzung.

Andererseits ist für die Rezeptionsgeschichte auch wichtig, dass Sigrist die Einsichten der britischen Ethnologen in den deutschsprachigen Diskurs übersetzte. So waren sie für die deutschen Theologen der 1970er- und 1980er-Jahre greifbar, die schwerlich eine Sprach- *und* eine Disziplingrenze *zugleich* überwunden hätten.

Der israelische Religionshistoriker Abraham Malamat hat 1973 die Parallelität der biblischen mit afrikanischen Genealogien aufgezeigt, wobei er sich auf genau dieselben Ethnien bezog wie Sigrist.[6] Malamats Arbeit war den deutschen Theologen bekannt. Aber das explosive politische Potenzial, das in der Soziologisierung der Bibelexegese steckte, musste noch entdeckt werden. In den USA wurde dieses Potenzial einige Jahre später durch Forscher wie Norman Gottwald mit der Theorie entfaltet, das alte Israel sei aus einer sozialrevolutionären Bewegung von Bauern entstanden. Als durch die Verarbeitung von Eisen und weitere technologische Entdeckungen das palästinische Hochland landwirtschaftlich erschließbar wurde, seien in der schon lange unruhigen Region die Bauern den kanaanäischen Stadtkönigen schlicht ins Gebirge davongelaufen, um dort ihr eigenes, königloses Gemeinwesen zu errichten – vielleicht unterstützt von einer kleinen »Mose-Schar« entlaufener ägyptischer Fronarbeiter, die den Gründungsmythos der Befreiung mitbrachten.[7] (Israel wäre insofern vergleichbar mit den *maroon societies* geflohener Sklaven in den Amerikas der Neuzeit – diese strukturelle Analogie ist nach meiner Kenntnis noch nicht systematisch untersucht worden.[8])

In Deutschland, wo man bei der Methode der kritisch-historischen Bibelexegese traditionell weltweit führend war, unternahm es der Alttestamentler Frank Crüsemann 1978 zum ersten Mal, die herrschaftsfeindlichen Texte des Alten Testaments durch Rückgriff auf Sigrists Ansatz zu analysieren. In seinem Buch *Der Widerstand gegen das Königtum* liest er sowohl die biblisch überlieferten Zentralisierungsprozesse als auch die Zeugnisse antiherrschaftlichen Widerstands durch die Brille der *Regulierten Anarchie*, deren sechstes Kapitel sich mit ebensolchen Vorgängen im ethnografischen Befund beschäftigte. Er sehe, schrieb Crüsemann, »keinen einzigen Punkt, wo sich ein Sigrist'sches Theorem durch das Material in Israel falsifizieren lässt«.[9]

An Crüsemann schloss 1983 Christa Schäfer-Lichtenberger mit ihrer Untersuchung israelitischer Städte an. Nicht nur betrachtete sie die dörflichen Siedlungen der Israeliten in der vorstaatlichen Richterzeit als Regulierte Anarchie, sondern fand auch einen Idealtyp israelitischer Städte, der dem Modell einer, wie sie es mit einem Konzept von Thorkild Jacobsen nennt, primitiven Demokratie folgte, wo also Entscheidungen von Volksversammlungen und Ältestenräten gefällt wurden.

Für den Rest des 20. Jahrhunderts war die Annahme, beim vorstaatlichen (»richterzeitlichen«) Israel habe es sich um eine Regulierte Anarchie im Sinne Sigrists gehandelt, das dominierende Paradigma. Nicht nur im deutschsprachigen Diskurs: In Dublin resümierte der Alttestamentler Andrew David Hastings Mayes 1989: »Es ist jetzt üblich geworden, das vormonarchische Israel als eine segmentäre Gesellschaft zu denken.«[10] Dass dies auf der Arbeit von Sigrist beruhte, machte er dabei deutlich. Den Impuls der *Regulierten Anarchie* nahmen in Deutschland Theologen wie Rainer Albertz oder Rainer Neu weiter auf. Albertz betonte, dass die Abwesenheit von Herrschaftsinstanzen im biblischen Buch der Richter nicht länger als Mangel, sondern nur noch als Folge intentionalen Handelns verstanden werden könne.[11] Neu führte vor allem die nomadischen Traditionen des Alten Testaments zur Stützung der These von Israel als einer segmentären Gesellschaft an.[12]

Norbert Lohfink, als Jesuit eine katholische Stimme in diesem sonst hauptsächlich protestantischen Konzert, steuerte das Argument bei, dass der biblische Gedanke eines Gottesreichs Ausdruck der Staatsablehnung gewesen sei. Gott sollte herrschen, damit sich kein Mensch auf den Thron setzen konnte.[13] So rief der israelitische »Richter« Gideon, dem laut Bibel das Königtum angetragen wurde, aus: »Nicht ich will über euch herrschen, und mein Sohn soll auch nicht über euch herrschen, sondern Jahweh soll über euch herrschen.« Solche religiöse Absicherung der Abwesenheit menschlicher Regierung hatte schon im 17. Jahrhundert der portugiesisch-niederländische Philosoph Baruch de Spinoza in seinem *Theologisch-politischen Traktat* als »Theokratie« bezeichnet, aus der völlige politische Gleichheit folge.[14] Nun, Ende des 20. Jahrhunderts, wurde dieser Begriff durch den Ägyptologen Jan Assmann, der sich ebenfalls an der bibelbezogenen Sigrist-Rezeption beteiligte, weiter differenziert: Die Theokratie, von der Lohfink und Spinoza sprachen, sei eine »identitäre Theokratie«; sie könne in eine »repräsentative Theokratie« umschlagen, bei der die Herrschaft Gottes wieder durch Menschen vermittelt sei; statt Regulierter Anarchie hätten wir dann wieder einen womöglich despotischen Staat.[15]

Assmann lieferte auch den interessanten Gedanken, dass die »politische Theologie« des richterzeitlichen Israel in Abgrenzung von der ägyptischen Weltanschauung gedacht werden müsse. In dem Bund, den Gott mit Israel schließt, ist der Pharao in zwei Richtungen negiert: Als Vertragspartner der Gottheit wird er durch das Volk ersetzt; als Herrschaftsinstanz durch Gott. Die »Herausführung aus dem Sklavenhause« Ägypten ist der Gründungsmythos Israels. Dieser herrschaftsfeindliche Impuls ist eine ebenso starke Herausforderung für unerbittliche Religionskritik wie für jahrtausendelang erlernte staatstreue Frömmigkeit.

Im 21. Jahrhundert ebbte das Paradigma vom alten Israel als Regulierter Anarchie wieder ab. Ich selbst habe zu dieser Zeit Analysen zur Rolle der Schriftlichkeit im herrschaftsfreien Kontext (vgl. hier Kapitel 2), zur Frage der Geschlechterverhältnisse und ihrer Dynamik beim Übergang zum Staat,[16] zur politischen Funktion biblischer Mythen (wie der Geschichte vom Turmbau zu Babel, vgl. Kapitel 3) und sonstiger Erzählungen (wie im Jona-Buch, vgl. Kapitel 4) vorlegen können. Dabei durfte ich nicht nur auf persönliche theoretische Anregungen, sondern auch auf praktische Unterstützung durch Christian Sigrist zurückgreifen. Daran denke ich heute, nach seinem überraschenden Tod, dankbar zurück.

Es wurde aber zunehmend schwerer, diesem Ansatz Gehör zu verschaffen. Einleuchtende

Gründe dafür, dass man das vormonarchische Israel nun nicht mehr als segmentäre Gesellschaft betrachten solle, habe ich kaum vernommen – auch wenn nicht jedes Detail, das die britischen *social anthropologists*, wie auch die Sigrist-Schule der Geschichtsforschung zum alten Israel, vorgetragen haben, heute noch Geltung beanspruchen kann. Kulturhistorische Theorien sind offenbar nur in passenden Gegenwartskontexten denkbar, und in Zeiten des amoklaufenden Neoliberalismus fällt es wohl zunehmend schwer, Staatsabbau und politisch-ökonomische Gleichheit in *einem* Gedanken zu vereinen.

Christian Sigrist hat sich über die unerwartete Wirkung seiner *Regulierten Anarchie* im Felde der Religionswissenschaft gefreut. Dies bedeute, so schrieb er im Vorwort der dritten Auflage des Buchs im Jahre 1994, »daß das Anarchie-Thema in einen religiösen Kontext eingebracht und so von der Wissenschaft her die hergebrachte enge Sichtweise der Verbindung von Thron und Altar aufgebrochen wird«.[17] Zusammen mit Rainer Neu brachte er 1989 und 1997 zwei Anthologien »Ethnologische Texte zum Alten Testament« heraus, die den Theologen Handwerkszeug bei der Arbeit mit der Theorie der Regulierten Anarchie bieten.[18] Ich benutze hier den Präsens, denn einer Anknüpfung an dieses Paradigma steht aus wissenschaftlicher Sicht nichts entgegen.

Erste Ergebnisse meiner Beschäftigung mit dem alten Israel lagen 1995 mit dem Text »Das richterzeitliche Israel: eine anarchistische Hochkultur« vor. Dabei verwies das Adjektiv »anarchistisch« darauf, dass die Abwesenheit von Herrschaft in der Richterzeit von einer ausgeprägten Intentionalität geprägt war: Diese Menschen wussten, was der Staat bedeutet, und deswegen lehnten sie ihn ab. »Hochkultur« sollte darauf hinweisen, dass es sich um eine Gesellschaft handelte, die mit der Schrift eines der entscheidenden Kriterien erfüllte, um als »Zivilisation« bezeichnet zu werden. Für die politische Anthropologie der Herrschaftsfreiheit wären demnach nicht nur die Disziplinen der Ethnologie und der Archäologie relevant, sondern auch die Geschichtswissenschaft – und die Religionswissenschaft. Wir geraten damit ein ganzes Stück näher an unsere eigene Gesellschaft heran, deren Zustand unser Fragen ja immer anleitet. Ist eine andere Welt möglich?

Im Kontext sozialwissenschaftlicher Evolutionstheorien war die behauptete Kombination aus Anarchie und Schriftkultur in der Tat recht kühn, und meine hierfür angeführte Evidenz erschien mir selber ausbaubedürftig. Weitere Beschäftigung mit dieser Frage führte mich zu dem nach-*

folgenden Text, den ich durch die freundliche Vermittlung von Jan Assmann 1999 in der Zeitschrift Saeculum *veröffentlichen konnte.*

*Die Argumentation ist hier sehr viel sorgfältiger als im erstgenannten Text; doch handelt es sich infolge des schmalen archäologischen Befundes immer noch um eine Indizienbeweisführung. Ich suchte deshalb weiter nach rezenten Gesellschaften, die als Analogiefall die Möglichkeit einer Verknüpfung von Herrschaftsfreiheit und Schriftlichkeit beweisen könnten. Ein Hinweis von Rainer Neu brachte mich auf die Ethnie der Hanunoo-Mangyan (Philippinen), die einen solchen Fall verkörpern: eine als äußerst ›primitiv‹ beschriebene Ethnie, die sich jedoch eisenzeitlicher Technologie bedient und in der eine blühende Literatur in einer autochthonen Schrift verwendet wird. Erste Ergebnisse meiner Forschungen zu dieser Ethnie sind 2022 erschienen.** *

Alphabet und Demokratie

Samuel aber sagte dem Volk alle Rechte des Königreichs, und schrieb's in ein Buch, und legte es vor den HERRN. (1 Sam 10, 25)

Alphabetisierung hat lange als Zaubermittel zur Behebung von Problemen in der Welt gegolten.[1] Für die UNESCO bedeutete ihre Vernachlässigung gar eine Bedrohung des Weltfriedens.[2] So gilt sie auch als notwendige Bedingung für das Funktionieren von Massendemokratien (wobei gerne zu Unrecht auf ihre Notwendigkeit für Demokratie schlechthin kurzgeschlossen wird).[3] Implizit wird – schon im Terminus – nicht die massenhafte Beherrschung *irgendeiner* Schrift mit derart begrüßenswerten Eigenschaften konnotiert, sondern ein bestimmter Typus: das Alphabet, so wie wir es selbst benutzen und wie es daneben vor allem in seinen kyrillischen und griechischen Varianten heute Bedeutung hat. »Der Terror«, weiß Marshall McLuhan, »ist in jeder oralen Gesellschaft der Normalzustand, denn in ihr wirkt allzeit alles auf alles ein.« Von dort »führt nur ein Weg zur Freiheit und Unabhängigkeit des vom Stammesdasein emanzipierten Menschen. Dieser Weg verläuft über das phonetische Alphabet.«[4] Zu den Implikationen derartiger Thesen gehört ferner, dass Kulturen, in denen nicht ein vokalisiertes Alphabet als Schrift benutzt wird, logisches Denken, rationale Wissenschaft und so weiter beeinträchtigt sind – also vor allem im arabischen Raum und in Israel, sodann auch im indischen ›Schriftkulturkreis‹ und erst recht in China und in Japan. Interessanterweise ist diese Entwertung der übrigen Schrifttypen, welche vor allem in Asien und im Nahen Osten noch weit verbreitet sind, im schrifttheoretischen Diskurs entschiedener etabliert und extremer durchgeführt als in vortheoretischen Alltagsdiskursen. Schriftwissenschaft macht sich dadurch zu einem Bestandteil des orientalistischen Diskurses.[5]

Dieser Aufsatz[6] will gegen diese gängigen Ansichten dreierlei zeigen: 1. *Schriftlichkeit ist keine Bedingung für Demokratie*, außer für bestimmte zentralisierte Formen (die auch heute nicht alternativlos sind); 2. im Hinblick auf Affinitäten zur politischen Demokratie ist die *griechische Erfindung des vokalisierten Alphabets nicht privilegiert gegenüber anderen Schriften*; 3. (und das ist der Schwerpunkt dieses Textes) *wenn* alphabetische Schriftlichkeit in einer historischen Situation wirksam für demokratische

Gesellschaftsstrukturen geworden ist, dann geschah dies *nicht im klassischen Griechenland, sondern im richterzeitlichen Israel* des Alten Testaments.

1. Ursprung und Wesen von Demokratie

Zu den schier unhinterfragbaren Fiktionen unseres kulturellen Gedächtnisses gehört das Credo, demokratische Gesellschaftsverfassung gehe im modernen Sinn auf die Amerikanische und die Französische Revolution Ende des 18. Jahrhunderts, von dort aber auf Philosophie und politische Praxis im klassischen Griechenland zurück. *Vor* Athen und *unabhängig* vom abendländischen Denken und Handeln wird Demokratie für unmöglich, nicht der Erwägung wert erachtet. So postuliert Cornelius Castoriadis, Griechenland sei der »sozio-historische *locus*, an dem die Demokratie und die Philosophie entstanden und folglich auch unsere eigenen Ursprünge«, und betont entschieden, dies sei »für uns der *Ursprungssame*«.[7] So meint ferner Yehuda Elkana, die griechische Übernahme der phonetischen Schrift habe die »Grundlagen für die homerische Kultur und die egalitäre Demokratie mit ihren einzigartigen Kulturschöpfungen gelegt«.[8] Und so legt Christian Meier seinen

Studien zur »Entstehung des Politischen bei den Griechen« die Frage zugrunde, wie es gekommen sei, »daß sich bei den Griechen, anders als bei allen anderen Kulturen vor und neben ihnen, Demokratien entwickelten«.[9]

Freilich hat Forscherfleiß längst überreiches empirisches Material zusammengetragen, um diese Fiktion zurückzuweisen. Wenn wir Demokratie als jede politische Institutionalisierungsform definieren, die sich an den Leitideen von politischer Gleichheit und politischer Freiheit orientiert,[10] so gilt: *Der Normalzustand politischen menschlichen Zusammenlebens ist demokratisch*, und die alten Griechen liefern nicht mehr und nicht weniger als ein Kapitel in der langen Geschichte des Widerstreits zwischen Freiheit und Herrschaft: den Versuch, Demokratie und Herrschaft miteinander zu versöhnen.

Auch dieser Versuch war keine Premiere. Wie Thorkild Jacobsen gezeigt hat, hat sich die früheste archäologisch-historisch greifbare Staatsentstehung, nämlich in Mesopotamien, in Form von »primitiven Demokratien« vollzogen.[11] Jacobsen versteht unter diesem Begriff, dass die innere Souveränität des Staates in den Händen aller freier Männer lag, während die verschiedenen Regierungsfunktionen noch wenig spezialisiert waren. Inhaltliche Entscheidungen, Wahl und Abwahl von Funktionären oblagen im

Wesentlichen Volksversammlungen. Diese politische Form der »primitiven Demokratie«, mit der Michael Mann etwa auch für die Zivilisation des Indus-Tals rechnet,[12] ist andernorts auch für die frühen Staatsbildungen der Hurriter und Hethiter, für Ugarit, Nubien und das alte China geltend gemacht worden.[13] Christian Meier lässt auf ihrer Nichtentmachtung die Besonderheiten der Entwicklung der klassischen griechischen Polis basieren.[14]

Wo immer also die frühen Kristallisationspunkte (nichtalphabetischer) Schriftlichkeit lokalisiert werden können, müssen wir zugleich mit dieser politischen Form »primitiver Demokratie« rechnen. Gleichwohl ist die Logik der Schriftentstehung dem demokratischen Prinzip zunächst eher entgegengesetzt. Schrift entsteht, wie immer man die kontroversen Äußerungen zu diesem Punkt gewichten möchte, um vor allem zwei Funktionen zu erfüllen: 1. zum Zwecke der Administration (also etwa der »Buchführung«, Archivierung, regulärer Steuererhebung und so weiter), das heißt in jedem Falle: der *Effektivierung von Herrschaft*; 2. zu verschiedenen religiösen Zwecken (Magie und Mantik, später dann Mythologie und religiöse Gesetzgebung), wobei sie durch stärkere Ausdifferenzierung der religiösen Funktionen elitenbildend wirkt; Schrift hat hier zumindest eine starke Tendenz zur *Legitimation von Herrschaft*. Mithilfe von Schriftkultur lassen sich große Imperien verwalten und durch Ethnogenese legitimatorisch zusammenbinden, wodurch die demokratische politische Form letztlich zerstört wird oder nur in Restbereichen überdauert. Im Falle Mesopotamiens sind es immerhin *Schrift*dokumente, die uns solche demokratischen Residuen (nämlich vor allem in der Rechtspflege sowie in der demokratischen Konzeption des Pantheons, wie Jacobsen zeigt) überliefern.

Der ursprüngliche Ort der Demokratie ist nicht in den genannten frühen, (proto-)schriftlichen Staaten zu suchen, sondern in den schriftlosen Gesellschaften, mit denen sich die Ethnologie beschäftigt. Damit sind sowohl die auch hinsichtlich politischer Entscheidungsfindung egalitären Jäger-Sammler-Gesellschaften gemeint, die beispielsweise James Woodburn oder Adamson Hoebel analysiert haben,[15] als auch jene Hirten- oder sesshaften Feldbaukulturen, die man als segmentäre Gesellschaften kategorisiert. So zeichneten sich die meisten indigenen Gesellschaften Amerikas nach der Zusammenfassung Pierre Clastres' »durch ihr Gefühl für Demokratie und ihren Hang zur Gleichheit aus«.[16] Bronisław Malinowski bezeichnet »primitive Stammeskulturen« schlechthin als »Protodemokratie« und begründet dies mit der dort vorherrschenden Gewaltenteilung, Föderalität und der Autonomie der Institutionen.[17] Solche »Protodemokratie« folgt für ihn aus der Notwendigkeit, das kollektive Gedächtnis zu tradieren, eine Aufgabe, die man nicht einzelnen Individualgedächtnissen anvertrauen kann: »Wäre ein Stück traditionellen Wissens in die ausschließliche Obhut eines einzigen, unfähigen Individuums geraten, so hätte dieser Teil der Kultur ausfallen müssen.«[18] Schrift wäre nach dieser Logik eine Bedingung, von egalitärem Zugang zur Kultur überhaupt abrücken zu können.[19]

Demokratische Prozeduren basieren in all diesen Gesellschaften stets auf dem Prinzip der *Versammlung*. Alle Erwachsenen (oft jedoch unter Ausschluss oder Einschränkung der Mitwirkung von Frauen) treten zusammen, um anstehende politische Entscheidungen zu beraten und gegebenenfalls abzustimmen. Repräsentationsfiguren, wo es sie gibt, werden mit extrem wenig Machtressourcen ausgestattet. Kommunikationstheoretisch entsprechen diese politischen Formen dem, was über »primitive Demokratie« wie auch über die Polis-Demokratie gesagt werden kann: Sie basieren auf Face-to-face-Kommunikation, wodurch alleine schon eine allgemeine Informiertheit über den politischen Prozess gewährleistet ist. Delegation impliziert die strikte Rückbindung der Delegierten an die Entsendenden, was dem modernen Konzept des imperativen Mandats entspricht. Solche Versammlungsdemokratien können sich unter bestimmten Bedingungen der Schriftlichkeit bedienen, diese ist aber nicht konstitutiv für sie.

Dasselbe gilt nun auch für die Polis-Demokratie. Laut Moses Finleys *Politics in the Ancient World* (1983) verkörpern debattierende Versammlungen das Wesen der (griechischen) Politik.[20] Die Kommunikationsform ist also hier wie in den »primitiven« politischen Formen charakteristischerweise *mündlich*. Dies zeigt sich bereits in der typischen städtebaulichen Struktur der griechischen *polis*, die um die zentrale *agorá* gruppiert ist als um den Ort, wo sich in öffentlicher Rede politische Entscheidungsfindung vollzieht.[21] Wie Yehuda Elkana formuliert, »legte die neue Sozialordnung besonderes Gewicht auf die Rede als politisches Machtmittel«.[22] »Die Rhetorik«, so fährt Elkana fort, »befriedigt das demokratische Grundbedürfnis: die Zuhörerschaft entscheidet über eine Frage durch Abstimmung«.[23] Rhetorik aber ist eine genuin mündliche Kunst, mag sie in Griechenland auch durch Schriftlichkeit noch so verfeinert und systematisiert worden sein.[24] Ebenso mag Schriftlichkeit, wie beim Scherbengericht, als Mittel demokratischer Abstimmungen gedient haben; mag die Rechtspraxis durch schriftlich fixierte Gesetze spezifische

Prozeduren ausgebildet haben; und mag die Rechenschaftsablegung der Beamten weitgehend auf Schriftlichkeit beruht haben.[25] Dies alles ist wichtig für die Analyse des attischen demokratischen Institutionengefüges als spezifischer, eben attischer Demokratie; für das demokratische Verfahren als solches hingegen bleiben diese Schriftanwendungen kontingent; es wäre auch ohne sie in einer *polis* institutionalisierbar.

Jack Goody hingegen entwirft für das klassische Athen eine schriftlich geprägte demokratische Öffentlichkeit – mit der merkwürdigen Begründung der *Kleinheit*, die doch Schrift gerade entbehrlich für diese Aufgabe erscheinen lässt: »Da die Stadt Athen klein war, konnte dort die Schrift bei einer bestimmten Form der Abstimmung eingesetzt werden, während Debatten dadurch angeregt wurden, daß man Gesetze, Informationen, Argumentationsweisen und sogar die Reden der Volksredner in sichtbar gemachter Sprache wiedergab.«[26] Freilich bedeutet die öffentliche Ausstellung der in Marmor geschlagenen Gesetze einen tiefgreifenden Wandel für Struktur und Funktion der Rechtssphäre.[27] Die Veröffentlichung des Gesetzeskorpus bedeutet – worauf ich am Ende dieses Aufsatzes zurückkommen werde – die Negation der Verkörperung des Gesetzes in der Person eines Königs. Aber Demokratie würde auch ohne schriftlich fixierten Kodex funktionieren. All diese Formen der Schriftverwendung sind daher nicht konstitutiv für die athenische Demokratie. Insofern Goodys Aufzeichnungstechniken von der Notwendigkeit des persönlichen Besuchs der debattierenden Versammlung entlasten, können sie sogar zur Schwächung der demokratischen Institutionen beitragen.

So bemerkt auch Eric A. Havelock, mit dessen Namen die These von der Erfindung des griechischen Alphabets als einer »kulturellen Revolution« untrennbar verknüpft ist: »Die Annahme, die attische Demokratie habe literal sein müssen, um zu funktionieren, ist nicht stichhaltig.«[28] »Noch führt«, wie wiederum der frühe Generalsekretär der UNESCO Julian Huxley angesichts des 20. Jahrhunderts erkennen musste, »Literalität notwendig zur Demokratie«.[29] Lediglich die umgekehrte Kausalkette ist plausibel: Wenn in einer Kultur Schrift bekannt ist, führt eine demokratische politische Verfassung tendenziell zu verbreiteter Literalität.[30]

Schriftlichkeit ist also weder notwendige noch hinreichende Bedingung für eine demokratische politische Struktur. Nicht bestimmte Kommunikations- oder »Verbreitungsmedien« (Luhmann) sind Voraussetzung für Demokratie, sondern ein egalitärer Zugang zu den je vorhandenen Kommunikationsformen und -mitteln.

Die Frage nach den Bedingungen schriftloser Demokratie ist kein akademisches Glasperlenspiel. Aus den vorstehenden Erwägungen folgen Konsequenzen für die noch immer ungelöste Frage der Demokratisierung in vielen Ländern der heutigen sogenannten Dritten Welt. Alphabetisierungskampagnen haben dort nicht selten gerade zur Zerstörung jener Ressourcen geführt, auf denen Demokratie hätte aufbauen können: vor allem jener segmentären Strukturen, die auf den eminenten politischen Prinzipien von Gleichheit und Gegenseitigkeit basieren. Entwicklungspolitik hat unter Demokratie in diesem Kontext immer die Chance verstanden, einen mit starken Machtbefugnissen ausgestatteten Staatspräsidenten wählen zu dürfen (dessen wichtigste Funktion dann regelmäßig war, die ökonomischen Interessen der Industrienationen mit militärischer Gewalt zu garantieren). Schriftkultur ergreift hier im »systematische[n] Spannungsverhältnis zwischen Selbstorganisation und unitärer Zentralorganisation« Partei für die Letztere.[31] Das ist demokratietheoretisch fatal. Dabei wäre auch unter den Bedingungen moderner, komplexer Gesellschaften ein strikt dezentrales Demokratiemodell verwirklichbar, für das Schriftlichkeit kontingent wäre: das, wie Hannah Arendt beschreibt, von Thomas Jefferson theoretisch konzipierte und in jeder Revolution selbstorganisierend sich bildende (und schließlich von Berufsrevolutionären wieder unterdrückte) rätedemokratische Modell.[32] Es basiert auf der unmittelbaren Versammlungsdemokratie »elementarer Republiken« und aggregiert sich auf durch den Mechanismus der Entsendung von Delegierten mit imperativen Mandaten. Dieses Modell funktioniert mit oder ohne Schriftkultur. Dass es für postkoloniale Gesellschaften weniger taugen würde als die in den vergangenen fünfzig Jahren versuchten Strategien des *state building*, kann nur ein Zyniker behaupten. Zumal dieses Modell in vielen postkolonialen Gesellschaften an die verbliebenen segmentären Strukturen anknüpfen könnte. Es sind Strukturen, die in vielen schriftlosen Gesellschaften komplexe, fraktale Formen der Demokratie generiert haben,[33] aber eben auch unter der Bedingung der Schriftkultur wirksam sein konnten.[34] Wenn Jack Goody geltend macht, die Schrift sei »eindeutig kein konstituierendes Merkmal für die Entwicklung demokratischer Versammlungen in kleinem Rahmen, aber die Vorstellung einer repräsentativen Versammlung oder geheimer Wahlen« übe »einigen Druck in Richtung auf die Verwendung dieser neuen Kommunikationsform aus«, sie könne »eine demokratische Kraft sein, insbesondere in einer Gemeinschaft größeren Umfangs, die sich nicht mehr durch persönlichen Umgang regieren« lasse,[35] dann hat er erkennbar moderne, staatliche Demokratien im Blick, deren Merkmal auch in Bundesstaaten ein beträchtliches Maß an Zentralisierung ist. Er verfehlt somit die Möglichkeit radikal dezentraler Agglomerierung durch das Räteprinzip. Ein Beispiel für eine elaborierte, komplexe rätedemokratische Struktur ist die Irokesenliga, deren Institutionen in einem sehr großen Areal nach dem Prinzip von Delegiertenversammlungen funktionierten; die Kommunikationsform war oral, mnemotechnisch unterstützt durch das vorschriftliche (semasiografische) Instrument der Wampum-Gürtel. Schrift ist hier, wie in direkten Face-to-face-Demokratien, keine Bedingung von Demokratie – allerdings auch kein Hindernis.[36]

2. Die theoretische Exkommunizierung der semitischen Alphabete von den Weihen demokratischer Alphabetschrift

In dem Sinne, dass es einen *egalitären Zugang* ermögliche, macht David Diringers Diktum Sinn, das Alphabet sei eine »demokratische« Schrift im Gegensatz zur »theokratischen« Schrift im alten Ägypten, Mesopotamien oder China.[37] Alphabetschriften bestehen aus einer geringen Zahl zumeist einfacher, linearisierter Zeichen und sind deshalb »kinderleicht« zu erlernen. Das Wort von der demokratischen Schrift wird nun – und zwar gegen die Intentionen Diringers – von maßgeblichen Schrifthistorikern umstandslos mit der griechischen Variante des Alphabets kurzgeschlossen. Griechenland als angebliche Wiege der Demokratie muss eben auch das technologische Substrat dieser politischen Errungenschaft gezeugt haben. Der Kurzschluss richtet sich gegen die semitischen – vor allem kanaanäischen und phönizischen – Erfinder des Alphabets im levantinisch-palästinischen Raum. Eine asiatische Demokratie – *horribile dictu*! – ist abendländischem Denken von jeher eine abstruse Vorstellung.

Deshalb formuliert noch 1969 Hans Jensen mit rassistischen Beiklängen: »Zu völliger Reinheit und Eindeutigkeit, sowohl *Konsonanten* wie *Vokale* bezeichnend, ist die Buchstabenschrift erst unter den Händen der Indoeuropäer gelangt.«[38] Und so schreibt Albertine Gaur 1984 unter Berufung auf jenes Diringer'sche Epitheton, die Griechen hätten die phönizische Konsonantenschrift in »das« Alphabet transformiert aufgrund der Tatsache, »daß die griechische Gesellschaft eine Stufe erreichte, wo sie eine ›demokratische‹ Form des Schreibens benötigte«.[39] Wer einen solchen Determinismus verficht, muss entweder bei den Phöniziern und den anderen Alphabet-Übernehmern eine ähnliche Notwendigkeit unterstellen, oder eben der semitischen Alphabetvariante den Alphabetcharakter absprechen. Letzterer Strategie nähern sich, ebenfalls mit Rekurs auf Diringer, Eric A. Havelock (hierzu später mehr) sowie in dessen Folge der frühe Jack Goody und Ian Watt. Sie behaupten, die Vokallosigkeit der (nord-)semitischen Schriften habe diese zur Uneindeutigkeit verdammt. Daher sei die soziale Diffusion der Schrift hier gering geblieben. Jedoch werden mit dieser Argumentation die Probleme außenstehender Beobachter (oder gar Schriftentzifferer) auf diejenigen Schriftverwender projiziert, die den Kontext eines Textes kennen, der ihn relativ eindeutig macht. Selbstverständlich nur *relativ* eindeutig: Aufgrund der Konsonantenfolge können es, wie Goody und Watt bemerken,[40] »statt ›Raben‹ ebenso gut ›Araber‹ gewesen sein, die Elias Nahrung gebracht haben«.[41] Aber vor solchen Restambivalenzen schützen auch die Vokale nicht vollständig: Der in den 1970er-Jahren auf Münchner Reklametafeln plakatierte Spruch »München wird modern!« kann eben nicht nur im intendierten Sinne der Modernisierungseuphorik gelesen werden, sondern auch im Sinne expressionistischer Verrottungsfantasien.[42] Ganz abgesehen davon, dass sämtliche Alphabete (außer der Adaption des lateinischen in Vietnam) auf die Notierung der Tonhöhe, der Satzmelodie verzichten, die nicht selten semantisch hochrelevant ist.

Wenn es jedoch gängige Lehrmeinung in der Schriftwissenschaft ist, der eigentliche Durchbruch zum Alphabet sei den Griechen durch die Einführung der Vokalzeichen gelungen, so liegt dies nicht zuletzt an einem Paradestück evolutionistischer Prokrustik. Eine Reihe Autoren vertritt die Überzeugung, die semitischen Konsonantenalphabete seien in Wahrheit Silbenschriften. Dabei beruft man sich vor allem auf Ignace J. Gelb. Dessen Entwicklungstheorie der Schrift geht davon aus, dass die Entwicklung stets mit »wortsilbischen« Schriften beginnt und sich sodann über eine silbische schließlich zur alphabetischen Stufe fortentwickelt.[43] Nun ist letztere Stufe nur ein Mal erzielt worden, und zwar nach den überzeugendsten Argumenten als Weiterentwicklung aus der »wortsilbischen« ägyptischen Hieroglyphenschrift (tatsächlich wohl aus einzellautphonetischen Elementen dieser Schrift, also weder aus Wort- noch aus Silbenzeichen![44]). Irgendwo im Entwicklungsgang dieser Schrift muss nun die »notwendige« silbische Entwicklungsstufe ausgemacht werden, und Gelb entdeckt sie, chronologisch ebenfalls »notwendig«, in den semitischen Alphabeten!

Diese semitische Silbenschrift treibt bis heute ihr Unwesen in den Schriftdiskursen. Nachdem es ein unabdingbares Definitionsmerkmal einer Silbe ist, dass ein Vokal (oder Diphthong) Bestandteil von ihr sei, greift man dabei gerne zu dem merkwürdigen Hilfskonstrukt, wonach den 22 semitischen Konsonantenzeichen ein bestimmter Vokal inhäriere, etwa das /a/, die Benutzer aber im Einzelfall von dem inhärenten Vokal zugunsten eines anderen oder aber auch zugunsten von Vokallosigkeit abgesehen hätten. Zu ähnlicher spekulativer Höhe gelangt die Bezeichnung der Konsonantenzeichen als »vokalisch indifferente Silben«![45] All diese Bemühungen verfehlen die Struktur der semitischen Sprachen. Dabei geht es mir an dieser Stelle nicht darum, dass die Struktur der aus in der Regel drei Konsonanten bestehenden Wortstämme, die durch Suffixe, Präfixe und Vokalisierung flektiert werden, eine reine Konsonantenschrift nahelegte.[46] Sondern es geht hier um die daraus resultierende Silbenstruktur. Das Hebräische etwa kennt durchaus komplexe Silben (vor allem des Typs Konsonant-Vokal-Konsonant). Eine Silbenschrift für diese Sprache müsste daher *selbst unter Absehung von den Vokalen* mit einem relativ großen Zeicheninventar arbeiten. Das zweifellos zweisilbige Wort *mischpath* (Recht) würde dann mit nur zwei Zeichen geschrieben. Tatsächlich schreibt man im Hebräischen משפט – das sind vier Zeichen, für jeden Konsonanten eines, für jede Silbe in diesem Falle zwei.

Aber derartige Einsichten kommen gegen eurozentrische Selbstevidenzen nur schwer an. Und so findet sich die phönizische Schrift auch im evolutionistischen sozialwissenschaftlichen Denken als Silbenschrift wieder, die von den Griechen »vervollkommnet« werden musste. Noch 1997 schreibt der (insgesamt überraschend gut informierte) Niklas Luhmann von einer »Umformung der phönizischen Silbenschrift zum Alphabet«.[47] Die »endgültige Form« der Phonetisierung sei nach einem Zwischenstadium von Silbenschriften »in Europa mit der Buchstabenschrift des Alphabets« erreicht worden.[48] Das ist Zeichen eines unreflektierten, alteuropäischen, ja geradezu altphilologischen Eurozentrismus.[49]

Die Benennung der semitischen Konsonantenschriften als silbische hat gravierende Konsequenzen für die Frage ihrer Demokratietauglichkeit. Echte Silbenschriften gelten, da sie meistens über ein wesentlich größeres Zeicheninventar verfügen als Alphabetschriften, als schwerfällig, schwer zu erlernen und daher tendenziell elitär. Auch das erweist sich, wenn man z.B. die Literalität in Japan betrachtet, als Vorurteil. Aber dieses Vorurteil erklärt, warum das Epitheton demokratische Schrift nicht auf eine zur silbischen abgestempelte Schrift angewendet wird. In diesem Sinne schreibt Havelock: »Wenn die semitischen Gesellschaften in der Antike demokratische Tendenzen aufwiesen, dann nicht, weil sie literal waren. Sie zeigten im Gegenteil alle Anzeichen der handwerklichen Literalität, insofern ihre Demokratie von der Theokratie modifiziert wurde und die Priesterschaften mit beträchtlichem Prestige und beachtlicher Macht ausgestattet waren.«[50] Dem ersten Satz ist uneingeschränkt zuzustimmen. In ihm steckt die bis heute ja nicht selbstverständliche Einräumung der Möglichkeit vorgriechischer Demokratie. Dies wird im zweiten Satz zurückgenommen, wo insinuiert wird, anstelle fehlender Königsherrschaft sei (und zwar infolge der verwendeten Schriften!) mit – doch wohl ebenso demokratieabträglicher – Priesterherrschaft zu rechnen. Hier liegt ein allzu leichtfertiger Umgang mit dem Begriff der Theokratie zugrunde. Der Begriff wurde im 1. Jahrhundert nach Christus von Flavius Josephus geprägt, um den Egalitarismus Israels zu kennzeichnen: Es gab keinen König außer Gott.[51] Martin Buber spricht in diesem Zusammenhang von »unmittelbarer Theokratie«, um sie vom inzwischen durchgesetzten *repräsentativen* Theokratieverständnis (die Herrschaft Gottes legitimiert die Herrschaft des Königs) abzusetzen. Die israelitische Gesellschaft war demokratisch, *insoweit* sie theokratisch war.[52]

Havelock unterstellt die schwere Erlernbarkeit und damit einen tendenziellen Elitarismus der semitischen Schriften. Die nordsemitischen Alphabetschriften haben aber in der Regel nur 22 Zeichen, weniger also als die griechische. Unter diesem Aspekt, dem einzigen schriftstrukturellen,[53] dessen politische Implikationen ›gravierend‹ sind, sind die semitischen Alphabete kaum, auch nicht vom griechischen oder lateinischen, überbietbar. Havelock gesteht dies einerseits zu, wenn er meint, der »Verbreitungsgrad der Lesefähigkeit« in einer Bevölkerung verhalte sich »umgekehrt proportional zu der Zahl der verwendeten Zeichen« der betreffenden Schrift; »eine Zahl zwischen zwanzig und dreißig« habe sich »in der Tat als die ›ideale‹ Zahl für die ›Demokratisierung‹ des Lesens erwiesen«.[54] Diese Überzeugung hindert ihn jedoch nicht, hinsichtlich der nordsemitischen Alphabetschriften polemisch die »sogenannte Literalität« der zugehörigen Gesellschaften zu bezweifeln. »Nur Eliten konnten die Schriften lesen. Dies galt für die sogenannten Alphabete der nordsemitischen Systeme nicht weniger als für die früheren Silbensysteme.«[55] Er begründet das mit der Notwendigkeit von Deutungseliten, von Interpreten der heiligen Texte im Judentum. Jedoch dürfte deren Existenz doch wohl weniger mit spezifischen Defiziten der verwendeten Schrift zusammenhängen als mit der Tatsache, dass heilige Texte *kanonisiert* wurden: Diese Stillstellung des Traditionsstroms generiert dessen zunehmende zeitliche und damit lebensweltliche Entfernung von der Gegenwart, die erforderlich macht, was Jan und Aleida Assmann »Sinnpflege« genannt haben.[56] Griechisch oder lateinisch formulierte Texte sind davon keineswegs ausgenommen!

Die behaupteten defizitären Konsequenzen der fehlenden Vokalnotierung in den semitischen Alphabeten sind weitgehend spekulativ. Dies lässt sich auch daran erkennen, dass sie höchst widersprüchlich ausfallen. So wurde von Havelock geltend gemacht, die Uneindeutigkeit der in ihnen verschrifteten Texte bewirke, dass sie nur für zeremonielle Texte und für religiöse Eliten taugten.[57] Umgekehrt schließt Walter J. Ong aus derselben Vokallosigkeit: »Die semitische Schrift war noch sehr stark in die nicht-textuelle menschliche Lebenswelt eingebunden.«[58] Die beiden Voten widersprechen einander diametral: Einmal erscheint die Schrift als an den lebensweltlichen *Alltag* gebunden, der sozusagen die Informationen kontextuell mitliefert, die andernorts in den Vokalen stecken; das andere Mal ist sie aufgrund desselben Mangels gerade auf *außeralltägliche* Kontexte und, was die Trägergruppen betrifft, auf die Spezialisten fürs Außeralltägliche beschränkt.[59]

Auch führt hier wie sonst die monokausale Ätiologie zur Vernachlässigung näherliegender Faktoren. Eric Havelock schließt von der vermuteten Uneindeutigkeit der unvokalisierten Notierung auf einen notwendig »formelhaften und repetitiven Stil« und folgert, es seien »genau diese Einschränkungen der möglichen Spannweite menschlicher Erfahrung, die dem Alten Testament seine Anziehungskraft auf, sagen wir, ›einfache Menschen‹ verleihen«.[60] Dass wesentliche Teile des Alten Testaments genau für diese »einfachen Menschen« *inhaltlich* Partei ergreifen (und dass dies ganz entscheidend ist für die Frage nach politischer Demokratie!), interessiert den Mediendeterministen Havelock nicht. Ebenso wenig, dass die beobachtete Formelhaftigkeit, ähnlich wie im Falle der homerischen Epik, darauf zurückzuführen sein könnte, dass es sich um die Verschriftlichung ehemals mündlich tradierter Erinnerungsbestände handeln könnte.

Jan Assmann hat gegen Havelock betont, dass im Sinne der Darstellbarkeit der jeweiligen Sprache die orientalischen Schriftsysteme genauso leistungsfähig waren wie das griechische. Speziell zu den diversen Alphabeten bemerkt er: »In der Wiedergabe der eigenen Sprache stehen die semitischen Konsonantenschriften dem griechischen Alphabet in nichts nach. Sie sind lediglich durch ihre Bezogenheit auf die semitische Sprachstruktur weniger zur Wiedergabe *fremder* Sprachen geeignet.«[61] Es kann nicht darum gehen abzustreiten, dass die Griechen das Alphabet ›verbessert‹ haben.[62] Allerdings folgen aus diesem Entwicklungsschritt nicht all jene Konsequenzen für Denken und für die politische Sphäre, die ihm unterstellt werden.

Wie sich bei Assmann lernen lässt, ist für die Konsequenzen von Schriftkultur weniger die Struktur des verwendeten Schriftsystems entscheidend als die institutionelle Einbettung der Schriftlichkeit. Also die Frage, für welche Aufgaben Schrift verwendet wird, welche gesellschaftliche Stellung die Schreiber haben, nicht zuletzt: welche Inhalte durch das Schriftmedium transportiert werden. *Das Medium ist nicht die Botschaft* (sondern nur ein sekundärer Aspekt von ihr), auch wenn bestimmte Medien erst bestimmte Botschaften ermöglichen.

Was nun etwa die hellenische Antike betrifft, fällt hinsichtlich der Formen institutioneller Schriftlichkeit auf, dass die griechische Kultur eine lebendige, fortschrittliche, »hypoleptische«[63] Diskursivität ausgebildet hat, während die jüdische Tradition den Schriftgebrauch durch Kanonisierung weitgehend »stillgestellt« hat. Der jüdische Historiker Flavius Josephus wirft im ersten nachchristlichen Jahrhundert dem Hellenismus dessen agonistischen Charakter vor und verweist mit Stolz darauf, die Juden hätten nur 22 Bücher, »welche die gesamte Vergangenheit schildern und mit Recht als göttlich angesehen werden«.[64] Aus dieser, bei Flavius apologetisch gewendeten, Beobachtung speist sich das Urteil über den Unterschied zwischen »der« griechischen und »der« orientalischen Schriftverwendung. Aber dieses Urteil gilt dann allenfalls für das Judentum des Zweiten Tempels, nicht notwendig für das vorexilische Israel. Dass wir es in dieser früheren Periode mit einer lebendigen, vielfältigen Schriftkultur zu tun haben, dafür spricht eine – gattungsmäßige und inhaltliche – Analyse dessen, was in der Hebräischen Bibel dann nachexilisch als widerspruchsfreier Kanon erscheinen will.

3. Die demokratische Literalität des richterzeitlichen Israel

Gegen die behaupteten Defizite der nordsemitischen Schriftsysteme spricht vor allem die Fülle der in der Bibel vertretenen Textgattungen. Um eine Aufzählung von Jan Assmann wiederzugeben: »Gesetzeswerke, Stammesgeschichten, Genealogien, Geschichtsbücher, Liebeslieder,

Gelagepoesie, Klagelieder, Festlieder, Buß- und Danklieder, Gebete, Hymnen, Sprichwörter, Spruchdichtung, Weisheitsliteratur, Prophetenbücher, Schulbücher, Romane, Novellen, Mythen, Märchen, Predigten, Biographien, Briefe, Apokalypsen«[65] – und Assmann vergisst noch die in unserem Zusammenhang besonders wichtige Gattung der politischen Streitschriften, die es teilweise nahelegen, ihren »Sitz im Leben« als an Havelocks »einfache Menschen« *adressiert* zu vermuten. Jedenfalls rechnet die historisch-kritische Exegese des Alten Testaments mit »[a]ntiköniglichen Texten«[66] einer schriftlich geprägten »Widerstands- und Untergrundtheologie«[67] bald nach Etablierung der israelitischen Monarchie.[68] Ebenso wenig wie die ebenfalls im Alten Testament aufbewahrten königslegitimatorischen Texte machen diese einen anderen Sinn als den der sich an breite Volksschichten richtenden *Propaganda*.[69] Damit ist noch kein Beweis für allgemeine Literalität in Israel erbracht. Aber ein Bündnis, wie Max Weber schreibt, zwischen intellektuellem Literatentum und plebejischen Interessen, »zwischen literarisch gebildeten und dabei politisch und religionspolitisch interessierten unabhängigen Laienkreisen und den Trägern der volkstümlichen Spruch- und Legendendichtung«[70] setzt – ganz abgesehen davon, dass in ihm Schrift ohnedies, kraft ihres Inhalts, im

Dienst demokratischer Interessen steht – eine Literalität voraus, die sich jedenfalls nicht in der restringierenden Kontrolle von Herrschaftseliten befindet. Weber schreibt: »Die literarische Produktion des vorexilischen Israel war offenbar so reichhaltig und vielgestaltig wie irgendeine Literatur der Welt.« Das Deborah-Lied zeige das hohe, nämlich in vormonarchische Zeit reichende Alter der Gattung verschrifteter Liedkunst. Und Weber bemerkt in diesem Zusammenhang die Bedeutung der leicht erlernbaren Alphabetschrift für die »Verbreitung der Schreib- und Lesekunst«.[71] Havelock müsste freilich Weber hier »intellektueller Verwirrung« zeihen,[72] weil eine Schrift, die als Silbenschrift angeblich keine Buchstaben-(*Litera*-)Struktur aufweist, gar nicht in der Lage sei, *Literatur* hervorzubringen.

Die Frage nach dem Alphabetisierungsgrad in den frühen Perioden der israelitischen Geschichte – also zu den Zeiten der vorexilischen Monarchie, erst recht aber zur staatslosen Richterzeit – ist gleichwohl bis heute heftig umstritten. Dabei fällt auf, dass die These einer weit verbreiteten Schriftlichkeit typischerweise von solchen Forschern vertreten wird, deren Interesse sich auf die Geschichte Israels richtet,[73] während die Gegenposition in der Regel von generalisierenden Evolutionstheorien erhoben wird, die sich von jeher wenig Probleme mit empirischer

Gegenevidenz machen.[74] Die wichtigsten Argumente für eine nur »handwerkliche Literalität« seien nachfolgend kurz erörtert.

Dass die Einführung des Alphabets in Israel nicht zu verbreiteter Literalität geführt habe, begründet Sean Warner mit allgemeinen Überlegungen zur Diffusion technologischer Innovationen. Diese stießen auf einen stets zu berücksichtigenden gesellschaftlichen Konservatismus, und dies insbesondere in einer »traditionalen« Gesellschaft wie Israel. Hier seien mehrere der von Goody aufgezählten Barrieren gegen die Verbreitung von Literalität wirksam gewesen: der Reichtum an oraler Kultur; schwierig zu beschaffende oder zu handhabende Schreibmaterialien; eine rigide Sozialstruktur.[75] Vor allem der letzte Punkt zeigt, dass Warners lobenswertes Unterfangen einer *Soziologisierung* der Fragestellung um den Schritt einer *Historisierung* ergänzt werden muss: Die soziale und politische Struktur Israels gerade zur Zeit der Alphabetübernahme war eben eine demokratische, herrschaftsfreie (und überdies in einer revolutionären Umbruchssituation mit Affinitäten zu kulturellen Neuerungen), und ebendarum ist *für diese Zeit* die Frage Warners nach der kulturellen Kompatibilität der neuen Technologie zu bejahen – egal, welcher Traditionalismus spätere Phasen der israelitischen Geschichte geprägt haben mag.

Driver kann seine These, das »gemeine Volk« in Israel habe sich in Schriftangelegenheiten an *professionelle Schreiber* wenden müssen, nur mit Analogieschlüssen aus nachbiblischen Zeiten stützen.[76] Dass es einen Berufsstand von Schreibern gegeben hat, ist selbstverständlich unstrittig.[77] Jedoch kann von dem Nachweis spezialisierter Literaten, von Schreiberfamilien oder -gilden kaum darauf geschlossen werden, dass die Alphabetschrift[78] eine »mysteriöse Kunst« geblieben sei[79] – ebenso wenig, wie der Berufsstand der Sekretärin dies für unsere Zeit ergibt. Die von Driver für angeblich verbreiteten Analphabetismus angeführte Evidenz (vor allem Jes 19, 11–12) belegt allerdings, dass es Schreibunkundige gab, nicht aber, dass sie die Mehrheit der Bevölkerung bildeten; und insgesamt vermitteln die Schriften der Hebräischen Bibel unabhängig von ihrem Alter und unabhängig von der Zeit, über die zu berichten sie beanspruchen – allerdings erst ab der Zeit Moses –, den Eindruck, dass Schreiben eine verbreitete Fähigkeit war und bereits von Kindern erlernt wurde.[80] Keineswegs kann von dem literarischen Nachweis, es habe Schreiber ›sogar‹ für Elitenschichten gegeben,[81] darauf geschlossen werden, die »plebejischen« Schichten müssten erst recht illiteral gewesen sein. Dagegen hat nämlich Havelock für den griechischen Fall der Schriftadaption gezeigt, dass alphabetische Literalität sich *zuerst in Handwerkerkreisen* verbreitete, lange bevor die Oberschichten von ihrem an Oralität orientierten Bildungskonzept abrückten.[82]

Die Annahme einer geringen sozialen Diffusion der Schrift kann sich des Weiteren auf die geringe Zahl archäologischer Schriftfunde stützen. Doch würde dieses Argument die Eigenheiten gerade *demokratischer Schriftverwendung* ausblenden. Im Unterschied zu herrschaftsbezogener Schriftverwendung, die im Sinne eines »monumentalen Diskurses«[83] stets auf Dauerhaftigkeit zielt (oder durch ein organisiertes Archivwesen Dauerhaftigkeit systematisch erzeugt), verbindet sich plebejische Schriftverwendung mit verbreiteten, wenig kostspieligen Materialien. Das wäre in Palästina neben Keramikscherben vor allem Papyrus, welches in dieser Region aus klimatischen Gründen wenig Konservierungschancen hatte. Sofern mit Tinte geschrieben wurde,[84] handelte es sich zudem um Substanzen, die nicht tief in den Schriftträger eindrangen und leicht abgewaschen werden konnten.[85] Auch dieser Sachverhalt mindert die Chancen, nach Jahrtausenden noch Schriftzeugnisse zu entdecken.

Verfehlt wäre es auch, die Frage nach der Literalitätsrate auf den archäologischen Nachweis[86] von altisraelitischen *Schulen*[87] engzuführen. Das

Deuteronomium jedenfalls erklärt die Pflege der literalen Tradition, wie des kulturellen Gedächtnisses insgesamt, primär zu einer *familiären* Aufgabe, obwohl der inhaltliche Kern dieser Traditionen der gesamtgesellschaftliche Gründungsmythos Israels ist: die Herausführung aus dem ägyptischen Sklavenhause. Wie Jan Assmann zeigt, handelt es sich bei dieser Traditionspflege um eine *Kombination* aus mündlichen und schriftlichen Gedächtnistechniken.[88] Das zeigt nebenbei, dass der Aufweis oraler Traditionen in der Bibel nur beweist,[89] dass eben solche oralen Traditionen ein wichtiges Kulturmerkmal waren – nicht aber, dass es nicht daneben auch literale Traditionen gab, die womöglich von der oralen Stilistik stark beeinflusst waren.

Das eigentlich naheliegende Verfahren, den Sitz im Leben der bei Ausgrabungen gefundenen, in althebräischer Schrift verfassten und lesbaren Textfragmente zu untersuchen,[90] kann infolge der geringen Zahl dieser Zeugnisse nur von begrenztem Wert sein. Es soll hier dennoch nicht unterbleiben. Folgende Funde liegen vor:[91] 1. Der »Bauernkalender« von Gezer (11./10. Jh.?) mit Abfolge der landwirtschaftlichen Tätigkeiten im Jahreszyklus; laut Albright »eine Art mnemonisches Verschen für Kinder«.[92] 2. Die Ostraka von Samaria (8. Jh.) mit Notierungen der Ein- und Ausgänge von Lebensmitteln (Palastbürokratie).

3. Die Siloah-Inschrift (um 700) mit einer Beschreibung des Durchstichs eines Tunnels. 4. Ein Ostrakon aus der Nähe von Jamnia (7. Jh.) mit einem Beschwerdebrief an einen hohen Beamten. 5. Die Ostraka von Arad (598) mit Briefen und Memoranden zwischen Beamten. 6. Die Lachisch-Ostraka (589) mit Briefen von Dienern an ihre Herren. Obwohl die Summe der Dokumente weit davon entfernt ist, einen repräsentativen Eindruck zu vermitteln, gewinnt man den Eindruck, dass Literalität keineswegs auf eine professionalisierte Schreiberzunft beschränkt war. Vor allem das älteste Dokument (das einzige, welches womöglich in die demokratisch-anarchistische Richterzeit zurückreicht) – der »Bauernkalender« – trägt einen eindeutig volkstümlichen Charakter. Wichtig ist ferner, dass die einzige *Bauinschrift* (bei der relativ hohen Konservierungschance dieses Inschriftentyps) keineswegs der Verherrlichung von Herrschern oder Göttern dient, sondern der Feier eines gelungenen Ingenieurprojekts.

Für die Annahme einer relativ hohen Literalitätsrate insbesondere in der Richterzeit wäre schließlich auch folgende theoretische Überlegung anzuführen: Wer spätvorexilisch eine relativ hohe Literalitätsrate unterstellt, richterzeitlich jedoch der Schrift jede Bedeutung abspricht,[93] geht davon aus, dass der Prozess politischer und kultischer *Zentralisierung* begleitet wurde von einem gleichzeitigen Prozess der *Diffusion* von Schriftlichkeit. Allgemein dürfte aber unbestritten sein, dass in den altorientalischen Staaten (an denen sich auch die israelitisch/judäischen Monarchien orientierten) Schrift als »Dispositiv der Macht« fungierte[94] und ihre Verbreitung nach Kräften unterdrückt wurde;[95] unter der Bedingung politischer Dezentralisierung jedoch (wie in der Welt der griechischen Polis, der phönizischen Handelsstaaten, aber *mutatis mutandis* eben auch im Israel der Richterzeit) ihre allgemeine Verbreitung möglich wurde. Dann wäre aber auch zu vermuten, dass die Entstehung einer israelitischen Monarchie weniger mit einer Diffusion von Schriftlichkeit verbunden war als mit einer Dealphabetisierung, allenfalls mit einem retardierenden Beharren auf der vorstaatlichen Errungenschaft.

Evolutionistisches Denken blendet – gebannt von der Idee eines linearen Fortschritts – die Möglichkeit von Devolutionsprozessen gerne aus, vor allem, wenn diese direkt aus einer ›evolutionären Errungenschaft‹ (nämlich dem Staat) folgen sollen. So auch Solomon Gandz und, an ihn anknüpfend, Goody und Watt: Aus der erstmaligen Veröffentlichung eines »allgemein anerkannten Textes« der Thora zur Zeit Esras (ca. 444 v. Chr.) folgern sie, erst damals habe ein

Schub zur Literalität hin eingesetzt.[96] Tatsächlich bedeutet ja gerade die Etablierung einer offiziellen Variante eine *Einengung* dessen, was legitimerweise schriftlich ausgedrückt werden darf: erstens durch den Ausschluss von Varianten, Heterodoxien und so weiter in der Sphäre der Heiligen Schrift; zweitens durch die besondere Hervorhebung dieser Sphäre als einer, für die die Schrift mehr oder weniger reserviert sein sollte. Eine wichtige Frage, die uns hier zu beschäftigen hat, lautet ja: Welche nichtreligiösen, alltäglichen, subversiv politischen Formen der Schriftverwendung gab es vermutlich in der demokratischen Phase der israelitischen Geschichte? Selbst wenn die Thora bis 444 ein »praktisch versiegeltes Buch« gewesen wäre, wäre für diese Frage damit wenig ausgesagt.

Von den Nutzern der hebräischen Schrift ist gesagt worden, es handele sich um eine »aus dem Buch hervorgegangene Rasse« (Edmond Jabès).[97] Das Buch, um das es dabei vor allem geht, tritt uns nur heute als *das* Buch entgegen; es zeigt bei allen Bemühungen der Kompilatoren um Vereinheitlichung und Widerspruchsfreiheit überdeutlich, dass es aus einer Fülle von divergenten Quellen in einem komplizierten Kanonisierungsprozess zusammengesetzt worden ist. In der Einsicht in Kompositionsprinzipien dieses letztlich hochheterogenen Werks liegt ja gerade die große Errungenschaft der historisch-kritischen Bibelexegese. Ich meine nun – obwohl dies bei der vorliegenden Quellenlage spekulativ bleiben muss –, dass manches, was in der Hebräischen Bibel an Texten vorliegt, seinerseits auf alte, teilweise *vorstaatliche Schriftdokumente* zurückgreift.[98] Und genau hierauf führe ich die bemerkenswerte Eigenart vieler Bibelpassagen zurück: dass in ihnen menschliches Königtum, menschliche Herrschaft, gesellschaftliche Ungleichheit radikal abgelehnt werden. Die Bibeltexte atmen über weite Strecken einen stark egalitaristischen Geist. Es stimmt, dass dies mehr auf dem Feld der Wirtschafts- und Sozialverfassung passiert. Es stimmt aber nicht weniger, dass die zugrunde gelegte politische Verfassung in der prämonarchischen Zeit eine Kombination aus Regulierter Anarchie[99] und primitiver Demokratie gewesen sein dürfte,[100] wobei die »wesentliche Macht« in den israelitischen Städten bei der »Vollversammlung« aller »freien kriegsfähigen Männer« (biblisch: »Männer der Stadt«) lag, während die »Ältesten« vor allem Aufgaben der Außenrepräsentanz innehatten.[101] Verschiedentlich ist bemerkt worden, dass diese demokratischen Institutionen selbst zur Zeit der Monarchie eine erstaunlich starke Stellung behielten.[102] Die von vielen Autoren bemerkte schwache Stellung der israelitischen Könige hängt offensichtlich damit zusammen, dass im Kampf um die gesellschaftliche Leitidee die monarchischen Institutionen das kulturelle Gedächtnis nicht unter ihre uneingeschränkte Kontrolle brachten. Dies dürfte – so meine These – damit zusammenhängen, dass die Schriftkultur als Trägerin dieses kulturellen Gedächtnisses bei der Einführung der Monarchie bereits so fest etabliert (und wohl auch religiös legitimiert) war, dass sie als bloßes Herrschaftsinstrument nicht mehr institutionalisierbar war. Dies zwingt auf der anderen Seite zur Modifikation von Annahmen über herrschaftsfreie Gesellschaften: Wenn »Akephalie und Schriftlosigkeit« auch »typischerweise« zusammengehören mögen,[103] so darf die Typenbildung damit eben nicht beendet sein; vielmehr ist mit einem weiteren Typus *literaler Anarchie* zu rechnen.

4. Symbolizität

Das demokratische Potenzial der Alphabetschrift aktualisiert sich in der Tat nicht in der griechischen Situation der Erstadaption einer Schrift. Die Schrift ist hier politisch neutral; ihre symbolische Abstraktheit, das Fehlen jedes intrinsischen Werts der Schrift hat Havelock zu Recht gerade als große Errungenschaft der griechischen Schrift herausgestellt.[104] Das Diktum

Walter J. Ongs – »[d]as griechische Alphabet wirkt demokratisierend, weil es für jeden leicht zu erlernen war«[105] – würde nur dann stimmen, wenn das griechische Alphabet an die Stelle einer Kommunikationstechnik getreten wäre, die weniger leicht zu erlernen war. Im Griechenland des frühen 1. Jahrtausends trat es aber an die Stelle rein oraler Kommunikation.

Anders sieht es um das demokratische Moment des Alphabets dort aus, wo es *in einer Umgebung monumentaler und herrschaftsbezogener Schriftlichkeit* zuerst entstand – in der Levante. Das Alphabet konnte hier *durch Kontrastierung mit den hergebrachten Schriften* zu einem Mittel symbolischer Kämpfe werden (so wie in der Reformation die schriftliche Verwendung der Muttersprachen gegen das Schriftmonopol des Lateinischen). Das Alphabet drückte in einer solchen Konkurrenzsituation symbolisch den Standort und die Aspirationen seiner Trägergruppen aus: Fernhandel treibende »bürgerliche« Gruppen in Phönizien;[106] die egalitär-herrschaftsfeindliche Gründung Israels durch revoltierende Angehörige ausgebeuteter Klassen in Kanaan. In diesem Kontext werden die Eigenarten der alphabetischen Schrift – leichte Erlernbarkeit, universelle Verwendbarkeit et cetera – viel mehr *mit Bedeutung aufgeladen* als in einer Monopolsituation einer Schrift, wie sie im archaischen und klassischen Griechenland vorlag. Diese Aufladung wird unterstützt durch den Sachverhalt, dass die Entstehung des Alphabets auf den Machtverfall der regionalen Großmächte antwortet, welcher das Problem allererst hervorruft, zwischen den vielen in der Region verbreiteten Sprachen *anders als zentralistisch* zu vermitteln. Die Schrift »entgleitet« so, wie Michael Mann das formuliert hat, dem Staat.[107] Wenn überdies Harald Haarmann recht damit hat, dass Schriftentstehung prinzipiell religiös determiniert ist (woran Zweifel freilich angebracht sind),[108] dann ließe sich indizienweise auf eine Affinität zwischen demokratischer Religion, wie in Israel, und demokratischer Schrift schließen. Jedenfalls kann die Schrift nun jene zwei Funktionen übernehmen, die Ernest Gellner für den Koran postuliert hat: 1. den Gesellschaftsmitgliedern eine Charta an die Hand zu geben, die sie vor politischer Willkür schützen soll; 2. ein funktionales Äquivalent zum Staat zu bilden bei der Aufgabe, kulturelle Zusammengehörigkeit zu stiften (was unter anderem wiederum militärische Implikationen hat, die es erlauben, Staatlichkeitszumutungen abzuwehren).[109]

Hier nähern wir uns der in diesem Aufsatz weitgehend ausgeklammerten Antwort auf die Frage, mit welchen politischen Texten denn nun in einer richterzeitlichen Schriftkultur zu rechnen ist. Ich gehe davon aus, dass die in den alttestamentlichen Geschichtsbüchern zutage tretende Streitschriftliteratur wohl erst mit der Errichtung der Monarchie und den damit verbundenen Kämpfen einsetzte. Für die eigentliche Richterzeit rechne ich – neben verschiedenen Formen einer Alltagsverwendung von Schriftlichkeit (im Sinne etwa des »Bauernkalenders«) – mit der schriftlichen Fixierung gesamtisraelitischer Heldenlegenden im Stile des Deborah-Liedes sowie des israelitischen Bundesrechts (insbesondere als egalitärer Sozialcharta), wie es in einer späteren Fassung mit dem »Bundesbuch« (Ex 20, 22 bis 23, 33) vorliegt.

Die Anweisung Moses, »alle Worte dieses Gesetzes« »klar und deutlich« auf mit Kalk getünchte Steine zu schreiben (Dt 27, 2–4.8), ausgeführt von Josua (Jos 8, 32), entspricht, wie Jan Assmann zeigt, der Praxis der Rechtsveröffentlichung in diversen *poleis* des archaischen Griechenland.[110] In beiden Fällen gilt Assmanns Einsicht, »daß eine solche [nämlich zugleich umfassende und verbindliche] Form der Rechtsverschriftung überhaupt nur dort möglich ist, wo es das Königtum nicht gibt« – ja, dass sie einen »ausgeprägt anti-monarchischen Aspekt« aufweise.[111] In den mesopotamischen und ägyptischen Monarchien galt das Recht nämlich als im Monarchen *verkörpert*, der sich ebendeshalb nicht an ein für alle Mal festgelegte, auch seine Willkür hemmende Gesetze binden konnte. Mit der schriftlichen Ausstellung des Rechts, das zuvor im Monarchen inkarniert war, unterliegt es nun einer »Exkarnation«[112] – seine Verkörperung in einem König wird blockiert. Dass sich Rechtskodifizierungen in ihrer weiteren Entwicklung wiederum mit monarchischen politischen Strukturen verbinden können, wissen wir nicht erst seit dem Code Napoleon; dafür ist auch die spätvorexilische Josianische Reform ein Beispiel. Das Gesetz behält in diesen Fällen jedoch typischerweise Elemente der *Herrschaftsbegrenzung*. Die *Entstehung* eines Kodex ist hingegen in den genannten Fällen symbolisch eindeutig *herrschaftsfeindlich* konnotiert: eine »demokratische Erfindung«.[113] Wenn diese Überlegung richtig ist, erscheint es plausibel, dass der Ort der Entstehung einer Proto-Tora jedenfalls nicht die israelitisch-judäische Monarchie ist, sondern sehr viel wahrscheinlicher die vormonarchische, eben richterzeitliche Epoche.

Gerade in Israel mussten für diesen Zweck die im alten Orient etablierten Schriftsysteme aus symbolischen Gründen untauglich erscheinen. Teils infolge einer *immanenten* Symbolik, wie besonders die ägyptische Hieroglyphenschrift, in deren Zeichenbestand »Dutzende von Zeichen« enthalten sind, »die Szepter, Geißeln,

Stöcke und Stäbe mit der Funktion von Statussymbolen wiedergeben«, und darüber hinaus einer Reihe weiterer Zeichen, die mit der spezifischen ägyptischen Religiosität zusammenhingen.[114] Diese Schrift, die ja durchaus zur Schreibung anderer nichtägyptischer Sprachen Verwendung fand,[115] war also aus politischen wie aus religiösen Erwägungen für die Israeliten symbolisch fehlcodiert. Den sonstigen in der Region verbreiteten Schriften fehlt in der Regel eine derartige *immanente* Symbolik; doch haftet insbesondere der akkadischen Keilschrift, die Mitte des 2. Jahrtausends noch weit verbreitet war, eine *konnotative* Symbolik als der Diplomatenschrift an, die im Dienste der kleineren und größeren menschlichen Monarchen verwendet wurde, von denen man sich in Israel zu emanzipieren anschickte.[116] Die Adaption der neuen »demokratischen Schrift« war in Israel also gewissermaßen eine symbolische Notwendigkeit.

Das hier gemalte Bild ist notwendig vereinfachend, und es ist aufgrund der (im Hinblick auf Schriftzeugnisse) dürftigen archäologischen Lage hochgradig spekulativ. Ich fühle mich berechtigt, mich in solche spekulativen Höhen aufzuschwingen, weil dies mit umgekehrten Vorzeichen uneingestanden gang und gäbe ist. Aus der geringen Zahl altisraelitischer Schriftzeugnisse auf die fehlende Literalität dieser Gesellschaft zu schließen ist ebenso wenig plausibel wie aus der Abwesenheit von Palastruinen auf fehlende politische Entscheidungsprozeduren (auch dies ein beliebter Kurzschluss). Kein wissenschaftliches Vorurteil aber ist gefährlicher als eines, das uneingestanden und unhinterfragt als *opinio communis* sein Unwesen treibt. Deshalb erschiene es mir fatal, aufgrund dürftiger Beweislage das Feld einfach dem *konservativen* Vorurteil zu überlassen.

Mit dem Mittel deduktiver Spekulation lassen sich im vorliegenden Fall sogar noch gewisse Differenzierungen vorschlagen. Max Weber macht auf unterschiedliche Prophetieformen aufmerksam, die sich im Kanon der Bibel niedergeschlagen haben. Im bäuerlich-sesshaften Norden herrschten Traum*gesichte* als göttliche Offenbarungsform vor, während im hirtennomadischen Süden die Empfänger der Epiphanie Stimmen *hörten*.[117] Diese Beobachtung lässt an die in der Schrifttheorie entwickelte, bei Marshall McLuhan krass und bei Walter J. Ong immer noch beträchtlich übertriebene und vereinseitigte, im Ganzen jedoch nicht unplausible Sinnentheorie denken. Die Entstehung von Schriftlichkeit, alphabetischer zumal, bewirkt danach eine Reorganisation des menschlichen Sensoriums.[118] Bei literalen Menschen hat das Auge einen eminenten Stellenwert, während bei oral-aural sozialisierten Personen das Ohr eine größere Bedeutung hat. Ohne die weiteren Implikationen dieser Theorie zu entfalten, lässt sich doch als Aufgabe künftiger Forschung die Frage stellen, inwieweit Webers Beobachtung auf einen quantitativ unterschiedlichen Zugang zur Schriftlichkeit im Norden und im Süden schließen lässt.[119] Die unterschiedlichen Subsistenzformen würden dies jedenfalls unterstützen, gilt es doch unter Schrifttheoretikern als ausgemacht, dass hirtennomadische Kulturen schwerer Zugang zur Schriftlichkeit finden als sesshafte Ackerbaukulturen. Dazu ließen sich auch Passagen des Deborah-Liedes (Ri 5, 14) heranziehen,[120] eines der wenigen Textstücke der Bibel, die sich mit einiger Sicherheit in vorstaatliche Zeit zurückdatieren lassen: »Aus Machir kamen herab die Graveure, und aus Zebulon jene, die den Schreibgriffel halten.«[121] Beide schriftbezogenen Stämme waren in der nördlichen Hälfte Kanaans angesiedelt. Insbesondere Zebulon war einer der am meisten nördlich sesshaften Stämme, verfügte also wohl über intensive Kontakte zur phönizischen Kultur, die für die Geschichte des Alphabets ihrerseits so wichtig ist.

Womöglich müssen wir also mit einem Nord-Süd-Gefälle der Alphabetisierung in Israel rechnen. Sicher ist dies keineswegs – der »Bauernkalender« zum Beispiel wurde in Gezer in Juda, also eher im südlichen Areal gefunden. Aber wie dem auch sei: Für den historischen Ort, an dem die Erfindung des Alphabets sich als genuin *demokratische Schrift* erwies, stellt das richterzeitliche Israel den bei weitem aussichtsreichsten Kandidaten dar.

Als ich um einen Beitrag zur Festschrift für Christian Sigrist anlässlich seines 65. Geburtstages gebeten wurde, erschien es mir reizvoll, das antistaatliche Paradigma der Bibelexegese einmal exemplarisch auf eine mythische Erzählung der sogenannten Urgeschichte anzuwenden. Das hatte der theologische Diskurs bis dahin eigenartigerweise vernachlässigt. Ich wählte die dafür besonders geeignete Geschichte vom Turmbau zu Babel. Bei der Sichtung der umfangreichen Literatur zu dieser Mythe wurde mir deutlich, mit welch anfechtbaren und teilweise zirkulären Argumenten häufig für eine Spätdatierung biblischer Texte plädiert wird. Es erschien mir angezeigt, dieser evolutionistisch grundierten Mode nicht zu folgen. Der Grundbestand der Turmbau-Erzählung spiegelt nach meiner Überzeugung jene Konflikte zwischen Anarchie und Königtum wider, von denen ich auch bei Teilen der geschichtlichen Darstellungen der Richterzeit ausgehe.

Die Beschäftigung mit jener Sphäre, die wir Transzendenz nennen, erscheint auch im Rückblick außerordentlich wichtig. Denn eine Herausforderung für die Theorie herrschaftsfreier Gesellschaften liegt in dem jüngst von David Graeber und Marshall Sahlins vorgetragenen Argument, *in den staatslosen Gesellschaften sei die Herrschaftsfunktion schlicht im »Himmel« verankert, und sie sei ebenso real und ebenso bedrückend wie im Falle irdischer Herrscherfiguren.* Auch in jener Sphäre der »meta-human beings« zeigt sich aber im Kulturvergleich eine große Vielfalt, und es lohnt stets, im Einzelfall auf die politischen Implikationen der religiösen Konzepte zu achten. Hierzu liefert die Turmbau-Auslegung einen Beitrag.*

Die Faust im Wappen
Der Turmbau zu Babel als Herrschaftschiffre

Die deutschsprachige Forschung zur Sozialgeschichte des alten Israel ist in den letzten Jahrzehnten durch wenige außerdisziplinäre Arbeiten so fruchtbar angeregt worden wie durch Christian Sigrists *Regulierte Anarchie*. Das »vorstaatliche«, richterzeitliche Israel als Analogon zu zeitgenössischen segmentären Gesellschaften Afrikas zu untersuchen, erwies sich als tragfähiges heuristisches Unterfangen. Sigrist selbst hat hier die »bedeutendste Wirkung« seiner Theorie ausgemacht.[1] In zahlreichen theologischen Aufsätzen und Monografien ist dieser Ansatz zwischenzeitlich entfaltet worden.[2] Was in dieser sozialgeschichtlich höchst gehaltvollen Literatur bislang zu kurz kam, ist die Dimension der symbolischen Absicherung herrschaftsfreier Institutionalisierungen. Das ist im Falle der israelitischen Ethnogenese besonders misslich; ist diese doch nur in *Absetzung* von vorgängigen und benachbarten *staatlichen* Vergesellschaftungsformen zu denken, woraus ein gesteigerter

Bedarf an legitimatorischen Repräsentationen resultieren musste.

Nachdem die Theologen die sozialhistorische Arbeit gut verrichtet haben, maße ich als Soziologe mir nun an, mich den theologischen Desideraten zu widmen.[3] Denn die Sphäre des Glaubens ist es, in der sich die symbolische Dimension des Institutionellen besonders deutlich artikuliert.[4] Ich möchte in diesem Aufsatz das Phänomen der symbolischen Darstellung der israelitischen Regulierten Anarchie an einem Beispiel aus der biblischen Mythologie demonstrieren: der Erzählung vom Turmbau zu Babel (Gen 11, 1–9). Dabei werde ich mich wegen der Knappheit des verfügbaren Platzes auf die Symbolanalyse einer Handvoll Aspekte des Textes beschränken, um anschließend Schlussfolgerungen für den epochalen »Sitz im Leben« der Mythe zu formulieren. Zunächst jedoch der Text in meiner eng am hebräischen Original orientierten Übersetzung.

Die Erzählung vom Turmbau zu Babel
(Gen 11, 1–9)

1 Es war einmal: die gesamte Erde eine Sprache (»Lippe«) und einerlei Wörter. 2 Und es
geschah mit ihrem Aufbrechen von Osten; da
fanden sie ein Tal im Lande Schin'ar. Und sie

ließen sich dort nieder. 3 Und sie sagten, ein
Mann zu seinem Genossen: »Wohlan! Lasst
uns Ziegel ziegeln, und lasst uns zu Brand
brennen!« Und es diente ihnen der Ziegel als
Stein und der Asphalt diente ihnen als Mör-
tel. 4 Und sie sagten: »Wohlan! Bauen wir uns
eine Stadt und einen Turm, und sein Haupt
im Himmel. Und machen wir uns (so) einen
Namen. Damit wir nicht zerstreut werden
über das Antlitz der gesamten Erde.«

5 Und JHWH stieg hinab, um die Stadt zu
sehen und den Turm, die die Menschen-
söhne bauten. 6 Und JHWH sagte: »Siehe!
Ein Volk, und *eine* Sprache für sie alle; und
dies der Anfang des Tuns. Und nun ist ihnen
nicht verwehrt, was alles sie ersinnen zu tun.
7 Wohlan! Lasst uns herabsteigen! Und lasst
uns dort ihre Sprache verwirren, dass sie
nicht verstehen ein Mann die Sprache seines
Genossen!« 8 Und JHWH zerstreute sie von
dort über das Antlitz der gesamten Erde. Und
sie hörten auf, die Stadt zu bauen. 9 Darum
ruft man ihren Namen »Babel«, denn dort hat
JHWH die Sprache der ganzen Erde verwirrt,
und von dort hat JHWH sie verstreut über
das Antlitz der gesamten Erde.

Symbolanalyse

Unter den vielfältigen Interpretationen, die die Turmbau-Erzählung im Lauf der Jahrhunderte gefunden hat, interessieren uns primär die »politisch-theologischen«.[5] Auch insoweit ist es heute nicht mehr so, wie Claus Westermann sagte, dass seit 1900 »ganz neue theologische Deutungen« zur Turmbau-Geschichte nicht mehr vorgetragen worden wären.[6] Dafür ist vor allem die große Studie von Christoph Uehlinger verantwortlich, welche die Hauptfunktion der Erzählung in einer Kritik an Weltherrschafts-Ansprüchen erblickt, wobei die Grundschicht ins 8. Jh. v. u. Z. zurückreichen und ein ganz konkretes Stadtgründungsprojekt des assyrischen Herrschers Sargon II, Dur-Scharrukin, angreifen soll.[7] Die sorgfältige Argumentation Uehlingers kann hier nicht referiert werden; was er vernachlässigt, ist die paradigmatische Funktion des Mythos. Wenn diese berücksichtigt wird, stellt sich auch die Frage der zeitlichen Einordnung der Geschichte neu. Dies soll an wenigen Beispielen gezeigt werden.

Stadt und Turm: Monumentaler Diskurs

Es ist klar, dass die Stadt in der Erzählung als Mittel der Zentralisierung erscheint. Die Hebräische Bibel kennt eine starke antistädtische Traditionslinie, die vom vorsintflutlichen Städtegründer Kain (Gen 4, 17) bis zur Ankündigung eines Zornestages JHWHs gegen die »umwehrten Städte« und »ragenden Zinnen« durch den Propheten Zephanja (Zeph 1, 16) reicht. Der Psalmensinger verbindet die Schelte der Stadt mit deutlicher Sozialkritik und fordert von Gott als Strafe eine Sprachverwirrung: »Wirre, mein Herr, spalte ihre Zunge! Denn ich sehe Unbill und Streit in der Stadt, tags und nachts umkreisen sie die auf ihren Mauern, ihr im Innern ist Arg und Pein, ihr im Innern ist Verhängnis, nicht rührt sich von Ihrem Markte Erpressung und Betrug.« (Ps 55, 10–12; Übersetzung Buber/Rosenzweig) Die Beispiele zeigen, dass die kritisierte Stadt nicht ohne feste Attribute auftaucht. Nicht irgendeine Stadt bedeutet Frevel, denn seit der Entstehung Israels haben Israeliten *auch* in Städten gelebt. Auf den *Mauern* kreisen Unbill und Streit; und die *ragenden Zinnen* erregen Abscheu. Ganz ähnlich wie in der Bibel die Kriegführung mit Ross und Wagen – eine genuin herrschaftliche Kriegführung – verdammt wird, nicht aber der Krieg an sich, so richtet sich die Stadtkritik gegen Städte mit Herrschaftsarchitektur: also gegen Orte der Herrschaft. So auch in Gen 11, 1–9. Auch in evolutionstheoretischer Perspektive ist gesehen worden, dass die Existenz von Städten allein kein sicherer Indikator für die evolutionistische Zuordnung einer Gesellschaft ist.[8] Ein weit besserer Indikator ist demnach die Existenz öffentlicher Monumentalbauten. Genau darum handelt es sich beim Turm, dessen Spitze »bis zum Himmel reicht« – gleichgültig, ob man sich unter diesem Bauwerk eine Zikkurat vorstellt oder eine Zitadelle.

Die Funktion monumentaler Architektur ist die Transzendierung der menschlichen Erlebenswelt. Dies geschieht räumlich durch die »himmelhohen« Dimensionen der Bauwerke, zeitlich durch ihre Fähigkeit, viele Generationen zu überdauern.[9] Der Turmbau von Babel soll zudem auch sozial transzendieren: Er soll eine »Gemeinschaft« der gesamten Erdbevölkerung bewirken, damit diese nicht übers Antlitz der Erde verstreut werde.

Der monumentale Diskurs ist ein imperialer Diskurs – er soll Einheit dort verbürgen, wo sie ethnisch, sprachlich, kulturell, politisch gerade nicht gegeben ist. Daher ist das Ansinnen der Turmbauer paradox, denn die Voraussetzungen für das Bauprojekt werden erst als dessen Folge hergestellt und führen gleichzeitig gerade wieder zu seiner Beendigung. Das betrifft nicht nur die sprachliche Heterogenität, sondern auch die politische Struktur: Akteur des Bauvorhabens ist die gesamte Menschheit! Auf konsensdemokratische Weise wird hier beschlossen, was man nur als Abschaffung der Demokratie bezeichnen kann. Den Exegeten ist dies von jeher absurd erschienen, sodass sie als eigentlichen Bauherren den in Gen 10, 8–12 als Gewaltherrscher u. a. über Babel eingeführten Nimrod interpolierten. Dazu passte, dass der Name Nimrods (נמרד) etymologisch mit dem Verb מרד (*marad*) zusammenhängt, das »sich auflehnen, rebellieren« bedeutet. Damit ist richtig erfasst, dass Gewaltherrschaft von den Verfassern der »Urgeschichte« als Frevel gebrandmarkt wird. Gleichwohl ist in Gen 11 weder von einem Nimrod noch von sonst jemandem die Rede, der Befehle erteilte. Eugen Drewermann sagt dazu, Nimrods Selbstvergötterung trete hier »gewissermaßen in ihre demokratische Universalität ein«.[10] Aber es liegt keine Selbstvergötterung vor, sondern demokratische Selbstaufgabe!

Ziegel streichen

Dies zeigt sich vor allem in der so detaillierten und wortspielreichen Schilderung der Baumaterialien. Ziegel streichen und brennen – das ist genau die Drangsal für die Israeliten im ägyptischen Sklavenhause (Ex 1, 14). Die *figura etymologica* לבן לבנים – »Ziegel ziegeln« kommt in der Hebräischen Bibel sonst nur noch in Ex 5, 7 vor[11], wo die Unterdrückung der Israeliten durch den Pharao ihren Höhepunkt erreicht! Jeder israelitische Hörer/Leser, der mit der Exodus-Tradition, dem Gründungsmythos Israels, vertraut war, musste diese Anspielung verstehen. Die Errichtung monumentaler Architektur war im orientalischen Altertum praktisch gleichbedeutend mit intensiver Fronarbeit. So rühmt sich auch Nebukadnezar II anlässlich der Restauration des Tempelturms Etemenanki in Babylon: »die Gesamtheit der weit(hin wohnend)en Menschen, die Marduk, mein Herr, mir geschenkt hat: beim Bau von Etemenanki ließ ich sie Fron leisten und legte ihnen den Ziegelkorb auf.«[12] In Gen 11, 3 beugen die Menschen sich freiwillig unter diesen Ziegelkorb. Warum?

Namenmachen

»Was bedeutet der ›Name‹ anderes«, fragt Jan Assmann, »als den Inbegriff und das Zentralsymbol einer ethnopolitischen Identität?«[13] Die Formel vom »sich einen Namen machen« mag, wie Uehlinger meint, traditionsgeschichtlich in der Königsideologie verankert sein;[14] doch erschöpft sie sich nicht darin. In Gen 11, 4 spricht ja kein Monarch, sondern ein Kollektiv, ja: die gesamte nachsintflutliche Menschheit. Es geht also nicht um herrscherliches, sondern um gesamtkulturelles Namenmachen. Dieses Phänomen nun ist gesellschaftlich universal. Sich »einen Namen machen« – das ist eine unhintergehbare gesellschaftliche Aufgabe, auch in akephalen, herrschaftsfreien Gesellschaften. Der Unterschied liegt in der Methode.

Das Gilgamesch-Epos ist die paradigmatische Erzählung »von den Abenteuern eines königlichen Helden auf der Suche, ›sich einen Namen zu machen‹«.[15] Am Ende findet er keine persönliche Unsterblichkeit, sondern »verewigt« sich im Bau der monumentalen Stadtmauer von Uruk. Die akkadische Endgestalt des weitverbreiteten Epos datiert aus der zweiten Hälfte des 2. Jt. v. u. Z. Nun machte die Stadtmauer nicht nur Gilgamesch berühmt, sondern auch die Stadt Uruk. In staatlich verfassten Gesellschaften mag sich also das monarchische und das kulturelle Namenmachen im selben monumentalen Diskurs vollziehen (muss aber nicht!). Nach der Logik herrschaftsfreier segmentärer Gesellschaften erwirbt man hingegen einen Namen, indem man sich genealogisch auf einen Ahnen als Eponym zurückführen kann.[16] Genau darum geht es in den Textstücken der Genesis, die der Turmbau-Erzählung unmittelbar vorausgehen und folgen. Gen 10 enthält die »Völkertafel«: nicht weniger als eine genealogische Herleitung der gesamten Menschheit. Von den drei Noah-Söhnen ist derjenige, auf den die Adressaten der Liste sich selbst zurückführen, Sem שם, was zugleich die hebräische Vokabel ist für »Name«. Die »Semiten« sind also als »Namenleute« geradezu doppelt darauf verwiesen, wie man sich »einen Namen macht«. Im Anschluss an die Turmbau-Erzählung folgt eine weitere genealogische Liste, von ebenjenem Sem bis auf Abram. Diesem wird dann in Gen 12, 2 verheißen, JHWH wolle seinen »Namen groß machen«. Nicht durch Bautätigkeit, sondern indem er ihn »zu einem großen Volk machen« wolle. Um diesen Typus von Verheißung kreisen dann die gesamten Patriarchen-Erzählungen.

Die Turmbau-Erzählung wird also flankiert von Darstellungen der »richtigen« Methode des Namenmachens. Freilich sind die Menschen hier nicht selbst die »Macher« des Namens – sie finden sich vor als »Söhne Adams« (בני האדם) oder, später, als »Kinder Israel« – was jedoch, soziologisch gesprochen, Resultat eines *konstruktiven* Prozesses ist.

Die Alternative, einen Namen »sich zu machen«, indem man monumentale Bauwerke errichtet, heißt dann vor allem, die genealogische Logik außer Kraft zu setzen. Dass die Schwächung der Verwandtschaftsstrukturen in der Tat ein wichtiges Merkmal früher Staaten ist, kann seit Friedrich Engels als Gemeinplatz gelten.[17] Die »Verwirrung«, nämlich Atomisierung der

Menschen ist so bereits unmittelbare Folge des beschriebenen Menschheitsprojekts, ohne dass JHWH eigens herabsteigen müsste. Die Paradoxie besteht hier darin, dass die Inangriffnahme des Projekts offensichtlich bestens funktioniert, ohne dass die Logik der Herrschaft bereits im Spiel wäre. Die Turmbauer sind mühelos imstande, kollektive Tätigkeiten zu koordinieren und technologisch Außergewöhnliches zu vollbringen, indem sie eine strikt egalitäre Kommunikationsform verwenden: »Da sprachen sie, ein Mann zu seinem Genossen ...« Aber die Eigenart des in Angriff genommenen Werkes sorgt dafür, dass das nicht gut gehen kann.

Zerstreuung

Die Reaktion JHWHs auf das Bauprojekt der Menschen besteht darin, ihre Einheit, um die sie bangen, gerade aufzulösen. In der Tat ist es genau das, was passiert, wenn man sich der monumentalen Logik unterstellt. Es entstehen Teilungen – sozialer und ökonomischer Art. Herrschaft und Unterdrückung weisen den Menschen ihre logischen, disparaten Orte zu. Aber in der Erzählung waltet keine Eigenlogik, sondern ein Eingriff Gottes; und es findet keine Klassenteilung statt, sondern eine ethnische. Was wir hier vor uns haben, ist keine Strafe Gottes – davon ist auch nirgends die Rede. Es ist eine Intervention, die die Menschen in den Stand zurückversetzt, wieder nach der herrschaftsfreien Logik zusammenzuleben, sich einen Namen wieder so zu machen, wie dies dem segmentären Prinzip entspricht. »Macht [d. i. Herrschaft] sammelt, sie zerstreut nicht«:[18] Die Zerstreuung ist also gegen Herrschaft gerichtet.

Eine der Wahrheiten, die in dieser Erzählung stecken, ist, dass die kulturelle Bezugnahme der gesamten Menschheit auf einen Zentralort nicht »gottgefällig« möglich ist. Die durch die Sprachvermengung bewirkte Diffusion der Menschheit übers »Antlitz der gesamten Erde« hat eine wichtige politische Komponente. »Die Dinge können allein dann nach dem primitiven Modell funktionieren,« schreibt Pierre Clastres, »wenn es nur wenige Leute gibt«.[19] Und das »primitive Modell« ist die *société contre l'état*. Dabei übersah Clastres zwar die Möglichkeit »segmentärer« bzw. »fraktaler« Integration größerer herrschaftsfreier Aggregate;[20] doch auch bei diesen ist die Kleinheit der *normalerweise politisch relevanten* Einheiten konstitutiv.

Mit der Sprache vermengt JHWH das Medium und Symbolsystem kultureller Identität, die damit auf kleinere Einheiten verwiesen wird. Die Sprachvermengung ist also eine Maßnahme, die der Menschheit noch einmal eine Chance geben soll, das »Namenmachen« diesseits des monumentalen Diskurses zu vollziehen. Mögen einige Gruppen dabei unter die Nimrods fallen; von der Linie, der Abram entstammt und die das Interesse des Buchs Genesis nun bestimmt, ist dergleichen nicht zu erfahren.

Sitz im Leben

Wie bei fast allen Textstücken der Hebräischen Bibel, so ist auch hinsichtlich der Erzählung vom Turmbau zu Babel heftig umstritten, wann ihre Entstehungszeit anzusetzen sei. Eine extreme Spätdatierung vertritt heute z. B. Gösta W. Ahlström: Die Geschichte vom Turmbau sei wahrscheinlich komponiert worden, »nachdem die Judäer ins Exil geführt worden waren und mit babylonischen Phänomenen vertraut geworden waren«.[21] Sie wäre vorexilisch wohl kaum verständlich gewesen. Aber um sie zu verstehen, muss man nicht mit der konkreten Architektur des realen Babylon vertraut sein, sondern mit der paradigmatischen gesellschaftlichen Alternative Staat vs. Segmentäre Gesellschaft. Ob die Lokalisierung in »Babel« auf die Zeit in »Chaldäa« wohnender Vorfahren zurückgeht[22] oder auf in der Levante kursierende Erzählungen über diese imperiale Stadt, oder ob sie einen sekundären Zusatz darstellt, ist relativ zweitrangig.

Besonders sorgfältig fällt der Datierungsversuch von Christoph Uehlinger aus. Er identifiziert für eine Grundschicht der Erzählung das späte 8. Jh. – die »Sargonidenzeit« – als Entstehungszeit und argumentiert, diese Grundschicht reflektiere ein konkretes assyrisches Stadtgründungsprojekt, nämlich den unvollendeten Bau der Stadt Dur-Scharrukin.[23] Die motivgeschichtliche Verbindung mit assyrischen, herrschaftslegitimatorischen Stadtgründungsberichten sei durch die Kombination der Motive der »einen Rede« und des Namenmachens sowie des Baumotivs zwingend.[24] Folgt man dieser akribisch abgesicherten Argumentation, so erheben sich doch zwei Einwände gegen Uehlingers Zuordnungsvorschlag. Erstens gilt die Motivverknüpfung, wie Uehlinger selbst demonstriert, bereits für die frühen Herrscher des assyrischen Reichs; Tukulti-Ninurta I etwa, der im 13. Jh. herrschte, wäre ein ähnlich beeindruckender Namenmacher durch Stadtgründung und herrscherliche Rede-Vereinheitlichung wie Sargon II (der insoweit lediglich der *letzte* infrage kommende Herrscher wäre). Die Datierung der ältesten Schicht der Turmbau-Erzählung ins 8. Jh. wirkt daher etwas arbiträr. Zweitens widmet Uehlinger dem zentralen Unterschied, dass sich in Gen 11, 4 nicht ein Herrscher einen Namen machen will, sondern die »gesamte Erde« (כל־הארץ), und dass diese nicht aus Deportierten besteht, sondern aus eigenmächtig »Aufbrechenden«, zu wenig Aufmerksamkeit. Was hier gegeißelt wird, ist ja gerade nicht der *Weltherrschafts*anspruch eines Despoten; sondern die Unklugheit eines Kollektivs, das ohne Not die politische Verfasstheit der Herrschaftsfreiheit aufgibt. Diese Zielrichtung der Erzählung passt aber kaum als judäische Reaktion auf den Untergang des Nordreichs Israel infolge assyrischer Eroberung und Deportation.

Dies rückt die vormalige *communis opinio* erneut in den Blickpunkt des Interesses. Lange galt es in der Exegese der Hebräischen Bibel als selbstverständlich, die Erzählung Gen 11, 1–9 als Bestandteil der »Urgeschichte« der »jahwistischen« Quelle des Pentateuch zu werten, der im Großen und Ganzen Gen 2, 4 bis 11, 9 zugeschlagen wurde. Der Jahwist wurde dabei als ältester Quellenstrang in der frühen Königszeit des 10. oder 9. Jh. v. u. Z. datiert und durchaus als »politischer« Literat gedeutet. So schreibt etwa Conrad E. L'Heureux, die urgeschichtliche Sammlung des »Jahwisten« habe der Legitimation und zugleich der Begrenzung der davidisch/salomonischen Herrschaft gedient.[25] Aber was immer die Herrschaftslegitimation »des« Jahwisten ausmacht, steht gerade nicht in der Urgeschichte und am wenigsten in der Erzählung vom Turmbau.

Dann stellt sich die Frage, aus welcher älteren Tradition hier geschöpft wurde. Dass die »Urgeschichte« aus verschiedenen »überkommene[n] Traditionen« »zusammengeschmiedet« sei[26] und dass das Schwergewicht dieser Traditionen in der »mündlichen Phase« gelegen habe,[27] ist schon die Überzeugung der klassischen kritisch-historischen Exegese gewesen. Walter Beltz sucht die Herkunft des Turmbau-Mythos daraufhin in einer spezifisch *nomadischen* Tradition.[28]

In der Tat ist am Beginn der Turmbau-Erzählung ja vorausgesetzt, dass die Menschheit ohne Weiteres aufbrechen und zu einem neuen Niederlassungsort ziehen kann. Dies in Verbindung mit der kollektiven Entscheidungsfindung könnte auf einen nomadischen Hintergrund deuten. Aber man sollte die Wanderungsnotiz nicht überbewerten. Das Aufbrechen »von Osten« (מקדם) lässt sich nämlich auch temporal lesen; es ist dann ein Aufbrechen »weg vom Ursprung« und bezeichnet dann bereits das politische Projekt der nachfolgenden Verse. Auch dann ist die gesellschaftliche Bezugsgröße eine wenn schon nicht nomadische, so doch »primitive« Gesellschaft.

Die Nähe des Turmbau-Mythos zu »primitiven« Denkformen ist denn auch mehrfach bemerkt worden. So kann Mircea Eliade den Mythos als Variante zu schamanistischen Himmelsreisevorstellungen lesen;[29] und auch Wilhelm

Mühlmann beschreibt das Motiv des Turms als typisches Utensil schamanischen Voraussehens.[30] Eugen Drewermann urteilt, die Erzählung stehe den »Urzeitmythen der ›Primitivvölker‹« näher als den Auffassungen der Hochkulturen.[31]

Wenn unsere Überlegung stimmt, dass in der Turmbau-Erzählung und ihrem kompositorischen Umfeld paradigmatisch zwei Modelle des Namenmachens einander gegenübergestellt werden, wovon das eine – der »monumentale Diskurs« – als Ursache von Unterdrückung zugunsten des anderen – des segmentären Ordnungsprinzips – verworfen wird, dann hat die Erzählung ihren Ort in einer Epoche, in der das Wissen um die politische, herrschaftsverhindernde Potenz dieses segmentären Prinzips zumindest als Erinnerung noch lebendig war. Dann ist es naheliegend, die frühe Königszeit als *terminus ante quem* zu bestimmen. Dies entspräche der klassischen, heute so scharf in Zweifel gezogenen Theorie von der »jahwistischen Urerzählung«. Dabei ist allerdings zu bedenken, dass die Turmbau-Erzählung schwerlich zu der angeblich königslegitimatorischen Grundhaltung »des Jahwisten« passt. Es ist auch denkbar, dass die Erzählung in vorstaatliche Zeit zurückreicht; denn dass die Israeliten eine Kenntnis des Königtums erst mit Saul und David erlangt hätten,[32] setzt die Ausblendung der Tatsache voraus, dass die richterzeitlichen Israeliten in einer politischen

Umwelt lebten und dass gerade die Konkurrenz politischer Logiken einen besonderen Bedarf an legitimatorischen Bemühungen (auf beiden Seiten) hervorrief. Die Erzählung vom Turmbau könnte genauso dazugehört haben wie z. B. die Jotham-Fabel (Ri 8, 8–15), worin die Bäume den nutzlosesten ihresgleichen zum König über sich wählen: Beide taugen jedenfalls zur Delegitimierung des politischen Verfassungsprinzips auch umliegender, konkurrierender Gemeinwesen, ebenso wie zur Delegitimierung von Optionen des politischen Wandels in der eigenen Gesellschaft.

Wir aber sitzen seit 5000 Jahren in unserem selbstgeziegelten Käfig und sehnen uns nach dem »prophezeiten Tag, an welchem die Stadt von einer Riesenfaust in fünf kurz aufeinanderfolgenden Schlägen zerschmettert wird. Deshalb hat auch die Stadt die Faust im Wappen.«[33]

Das Buch Jona, das mit einer Schiffsreise beginnt, hat mit der Turmbau-Erzählung eine wichtige Formulierung gemeinsam, die sich auf die egalitäre Kommunikation der Beteiligten bezieht. Diese Entdeckung hat mich zu einer kleinen Analyse der Schifffahrtssymbolik veranlasst, die ich durch freundliche Vermittlung von Ton Veerkamp in der exegetischen Zeitung Texte und Kontexte *veröffentlichen konnte.*

Radikale Demokratie gerade auf einem Schiff zu konzipieren, dem Symbol par excellence für die vermeintliche Notwendigkeit von Herrschaft, das hatte ich auch in der Realgeschichte der karibischen Piraterie gefunden. Auf den egalitären Piratenschiffen soll die Bibel – so heißt es – das meistgelesene Buch gewesen sein. Ob und wie dort die Jona-Geschichte gelesen wurde, ist nicht überliefert. Mit dieser biblischen* motley crew *aus dem Jona-Buch hätte man sich prinzipiell gut identifizieren können. Aber dass diese Passage politisch gelesen werden will (wie unter anderem das Turmbau-Zitat zeigt), ist insgesamt selten beachtet worden – zu sehr hat der anschließend in der Geschichte auftretende »große Fisch«, der Jona verschluckt, die Aufmerksamkeit der Lesenden absorbiert.*

Jona – oder von der Überflüssigkeit des Steuermanns

Abendländischem Denken ist, von Platons Demokratieschelte[1] bis zum heutigen Alltagssprachgebrauch, *eine* politische Metapher stets besonders evident gewesen: das Schiff als Bild der Gesellschaft, die nur bestehen kann, wenn *einer* das Steuerruder in der Hand hat und wenn jeder auf dem ihm zugewiesenen Platz verharrt. Gerade wenn es ernst wird, wenn das Schiff von Stürmen und Riffen gefährdet ist, erscheint Demokratie als ein gefährlicher Luxus. Es handelt sich hier jedoch um eine *Schein*evidenz, denn vom Schiffsrat des Hamburger Seerechts von 1497 bis zu der egalitären Politik der karibischen Piraten des 17. und 18. Jahrhunderts sind demokratische Strukturen in der Seefahrt durchaus bekannt.

Überraschende Einsichten zur Frage der Macht zur See finden sich in der Hebräischen Bibel. Zwar sagt die Weisheitsliteratur in gutem Einklang mit hellenischer Tradition, ohne die Lenkung (eines Steuermanns) verfalle ein Volk (Prov 11, 14); der Text der Septuaginta schreibt für das, was Buber mit »Lenkung« und Luther mit »Rat« übersetzt, ausdrücklich *kybernesis* als Übersetzung des Hebräischen תחבלות *tachbulot.*[2] Wie ist es aber mit dieser scheinevidenten Herrschaftsnotwendigkeit auf See im konkreten Erzählen der Bibel bestellt?

Auf hohe See, nämlich von Joppe nach Tarsis, schifft sich Jona ein, um vor einem Auftrag Gottes zu flüchten. Durch den daraufhin von Gott gesandten Sturm gerät das Schiff in Seenot. In dieser Krisensituation gibt es an Bord – Jona beiseite gelassen – zwei handelnde Parteien. Erstens: der Steuermann (רב החבל *rab-hachobel*) – oder, mit den Worten Bubers: »Kielherr« – des Schiffes. Er sucht Jona, der sich im hintersten Verdeck des Schiffes schlafen gelegt hat, auf und appelliert an ihn, zu seinem Gott zu beten, damit womöglich der Sturm gestillt werde (Jona 1, 6). Im Moment höchster Gefahr verlässt er also das Deck und widmet sich durchaus nicht der *kybernesis*. Und dies ist alles, was an Handlungen dieses »Kielherrn« überhaupt mitgeteilt wird. Er spielt fortan keine Rolle mehr.

Die zweite handelnde Partei sind »die Seeleute« (המלחים *hammallachim*, später nur noch האנשים *haanaschim*, »die Männer«). Sie führen angesichts der Krise sämtliche Aktionen selbstständig und kollektiv aus, und dies, obwohl sie ein aus den unterschiedlichsten Völkern zusammengewürfelter Haufen sind. Sie »schreien«, ein jeder zu seinem Gott (1, 5); sie werfen entbehrliche Gegenstände ins Meer, um das Schiff zu erleichtern (1, 5); sie einigen sich auf eine mantische Methode (Loswurf), um den Urheber des göttlichen Zorns zu ermitteln (1, 7); sie befragen den so ermittelten Jona (1, 8.10 f.); sie versuchen, das Schiff rudernd an Land zu bringen (1, 13); und als *ultima ratio* folgen sie schließlich der Empfehlung Jonas, ihn ins Meer zu werfen, um seinen Gott zu besänftigen (1, 15). An keiner dieser Handlungen ist der »Kielherr« beteiligt. Ja, man gewinnt den Verdacht, dass dieser Steuermann in Vers 6 geradezu ausdrücklich eingeführt wurde, um *ex negativo* klarzustellen, dass – abgesehen vom Aufspüren Jonas unter Deck – nicht er hier handelt, sondern das selbstorganisierende Kollektiv.[3]

Um dies zu unterstreichen, verwendet der Erzähler ein Zitat. Die Entscheidung, Lose zu werfen, wird mit der Wendung berichtet: איש אל־רעהו ויאמרו »Und sie sprachen, ein Mann zu seinem Genossen ...«. Diese Wendung verweist nicht nur an sich auf demokratische Entscheidungsfindungsprozesse, sondern auch bibelimmanent auf die Erzählung vom Turmbau zu Babel (Gen 11, 1–9), wo die Entscheidung, eine Stadt samt Turm zu bauen, auf dieselbe Weise zustande kommt und mit derselben Wendung beschrieben wird (Gen 11, 3). In beiden Fällen tut das

Kollektiv etwas, was sonst als paradigmatisch für die Notwendigkeit von Herrschaft – *kybernesis* – betrachtet wird: ein gigantisches Bauprojekt in die Wege leiten; ein Schiff gerade im Augenblick höchster Krise betreiben und – retten. Gewiss stellte das Turmbauprojekt gerade den Entschluss dar, die demokratische Autonomie *aufzugeben*, um sich der Herrschaftlichkeit der Monumentalarchitektur ›anzuvertrauen‹. Die göttliche Antwort der »Sprachvermengung« ist als ein Mittel zu lesen, gerade diesen menschlichen Entschluss der Einrichtung freiwilliger Knechtschaft zu vereiteln.[4] Eine paradigmatische Gruppe dieser »Sprachvermengten« findet sich nun mit Jona auf dem aufgewühlten Mittelmeer und zeigt, dass die herrschaftsfreie Kommunikation auch unter den Bedingungen ethnischer Pluralität – und auf einem Schiff in Gefahr – funktionieren kann. Der Effekt ist der umgekehrte wie in der Turmbau-Erzählung: Der kulturellen Zerstreuung *dort* entspricht die kulturelle Vereinigung *hier*. Die Seeleute treten zum Glauben an den biblischen Gott über, schlachten Ihm ein Schlachtmahl und geloben Ihm Gelübde (Jona 1, 16). Hatte Gott die Menschen *dort* vor ihrer Herrschaftssehnsucht geschützt, so bleiben die Seeleute *hier* auch in ihrem Gott-Verhältnis der initiative Teil, indem sie sich zu dem herrschaftskritischen Befreier aus dem Hause der

Dienstbarkeit (Ex 20, 2) bekennen. Der Erzähler der Jona-Geschichte lässt gar keinen Zweifel daran, dass dieses ganze selbstbewusste Handeln der Seeleute im Sinne der Bibel gottgefällig ist.[5]

In der griechischen Antike wurde dies anders gesehen. Xenophon und nach ihm Polybios verglichen die Polis-Bevölkerung mit den Matrosen eines Schiffes, die nur bei Gefahr den Anordnungen des Steuermanns folgen, hingegen Unfug treiben, solange sie nichts zu befürchten brauchen.[6] Dies entspricht dem, was wir über die Logik von Krisen in herrschaftsfreien Gesellschaften wissen; genau so ist es um die Autorität indianischer Häuptlinge (oder der karibischen Piratenkapitäne) bestellt, und im Falle des alten Israel sind es die »großen Richter«, die diese Logik verkörpern. Aber ist es schon erstaunlich, dass sich im Kanon der Hebräischen Bibel eine literarische Tradition (neben anderen, widersprechenden) erhalten hat, welche jene herrschaftsfreie politische Struktur der Richterzeit in wohlwollender Erinnerung behielt, so ist es noch verblüffender, dass die Jona-Geschichte auch noch diese Evidenz *charismatischer Führung* negiert. Dass jedenfalls im Falle der (See-)Not *einer* Anweisungen geben musste, auch wenn er anschließend in die Menge der Gleichen zurücktrat, war auch israelitischen Lesern/Hörern geläufig. Umso unerhörter die Lehre, dass gerade im Falle höchster Not dem egalitären Kollektiv die Handlungskompetenz zusteht, während der »Matrosen-Anführer« (so eine wörtliche Übersetzung von *rab-hachobel*) im hintersten Verdeck des Schiffes zum »Gebieter« über den untersten Teil der toten Materie – zu Bubers »Kielherrn« – verkommt.

Anmerkungen

Einleitung

1 Karl Marx, »Zur Kritik der Hegelschen Rechtsphilosophie«, in: *MEAW*, Bd. 1, Berlin 1989, S. 9–33, hier S. 10.
2 Vgl. Morris Hillquit, *Utopische Kommunen in USA*, o. O. 1976, S. 128.
3 Vgl. Wolfgang Steinitz, *Deutsche Volkslieder demokratischen Charakters aus sechs Jahrhunderten*, Frankfurt/M. 1979 [zuerst 1955], S. 9–11.
4 Max Horkheimer, *Notizen 1950 bis 1969 und Dämmerung. Notizen in Deutschland*, Frankfurt/M. 1974, S. 96.
5 {https://www.die-bibel.de/service/pressebereich/detailansicht/news/detail/News/weltweit-30-millionen-bibeln-im-pandemie-jahr-2020/}, letzter Zugriff 17. 12. 2021.
6 Vgl. Norman Cohn, *Das neue irdische Paradies. Revolutionärer Millenarismus und mystischer Anarchismus im mittelalterlichen Europa*, Reinbek 1988.
7 Michael Walzer, *Exodus und Revolution*, Berlin 1988, S. 141–157.
8 Christopher Hill, *The World Turned Upside Down*, Harmondsworth u. a. 1980.
9 Vgl. Walzer, *Exodus und Revolution*, S. 41.
10 Ebd., S. 42, vgl. auch S. 134 f.
11 Ebd., S. 146.

12 Vgl. Michael Löwy, *Erlösung und Utopie. Jüdischer Messianismus und libertäres Denken*, Berlin 1997, zu Buber vor allem S. 66–78.

13 Christian Frevel, *Geschichte Israels*, Stuttgart 2018, S. 93–96.

14 Georg Braulik in Erich Zenger u. a., *Einleitung in das Alte Testament*, Stuttgart 2016, S. 252.

15 Ton Veerkamp, *Die Vernichtung des Baal. Auslegung der Königsbücher (1 Kön 17 – 2 Kön 11)*, Stuttgart 1983; ders., *Autonomie und Egalität. Ökonomie, Politik und Ideologie in der Schrift*, Stuttgart 1993.

Anarchie im gelobten Land

1 Christian Sigrist, *Regulierte Anarchie. Untersuchungen zum Fehlen und zur Entstehung politischer Herrschaft in segmentären Gesellschaften Afrikas*, Hamburg 1994.

2 Émile Durkheim, *Über soziale Arbeitsteilung. Studie über die Organisation höherer Gesellschaften*, Frankfurt/M. 1992, S. 231–234.

3 Julius Wellhausen, *Ein Gemeinwesen ohne Obrigkeit. Rede zur Feier des Geburtstages Seiner Majestät des Kaisers und Königs am 27.1.1900*, Göttingen o. J., S. 2, 13.

4 Edward E. Evans-Pritchard, »Nuer-Propheten«, in: Christian Sigrist, Rainer Neu (Hg.), *Ethnologische Texte zum Alten Testament*, Bd. 2, Neukirchen-Vluyn 1997, S. 61–66, hier S. 61.

5 Bernhard Lang, »Spione im gelobten Land. Ethnologen als Leser des Alten Testaments«, in: *Ethnologie als Sozialwissenschaft, KZfSS-Sonderheft* 26 (1984), S. 158–177.

6 Abraham Malamat, »Tribal Societies. Biblical Genealogies and African Lineage Systems«, in: *Archives Européennes de Sociologie* 14 (1973), S. 126–136.

7 Norman Gottwald, *The Tribes of Yahweh. A Sociology of the Religion of Liberated Israel, 1250–1050 B.C.E.*, Maryknoll (NY) 1979.

8 Vgl. aber jetzt Thomas Wagner, *Fahnenflucht in die Freiheit. Wie der Staat sich seine Feinde schuf – Skizzen zur Globalgeschichte der Demokratie*, Berlin 2022.

9 Frank Crüsemann, *Der Widerstand gegen das Königtum. Die antiköniglichen Texte des Alten Testamentes und der Kampf um den frühen israelitischen Staat*, Neukirchen-Vluyn 1978 (Wissenschaftliche Monographien zum Alten und Neuen Testament, Bd. 49), S. 200 (Fn 34).

10 Andrew D. H. Mayes, *The Old Testament in Sociological Perspective*, Dublin 1989, S. 98 f.

11 Rainer Albertz, *Religionsgeschichte Israels in alttestamentlicher Zeit*, Göttingen 1992 (ATD Ergänzungsreihe Bd. 8), Bd. 1, S. 117.

12 Rainer Neu, *Von der Anarchie zum Staat. Entwicklungsgeschichte Israels vom Nomadentum zur Monarchie im Lichte der Ethnosoziologie*, Neukirchen-Vluyn 1992.

13 Norbert Lohfink, »Der Begriff des Gottes-

reichs vom Alten Testament her gesehen«, in: Josef Schreiner (Hg.), *Unterwegs zur Kirche. Alttestamentliche Konzeptionen*, Freiburg u. a. 1987, S. 33–86, hier S. 54 und passim.

14 Benedictus de Spinoza, *Theologisch-politischer Traktat. Auf der Grundlage der Übersetzung von Carl Gebhardt neu bearbeitet von Günter Galwick*, Hamburg 1976, S. 253–255.

15 Jan Assmann, *Herrschaft und Heil. Politische Theologie in Altägypten, Israel und Europa*, München, Wien 2000, S. 28, 48 u. ö.

16 Rüdiger Haude, »Geschlechterverhältnisse im biblischen Israel beim Übergang zum Staat«, in: Christian Sigrist (Hg.), *Macht und Herrschaft*, Münster 2004 (Alter Orient und Altes Testament, Bd. 316), S. 59–83.

17 Sigrist, *Regulierte Anarchie*, S. IX.

18 Cristian Sigrist, Rainer Neu (Hg.), *Ethnologische Texte zum Alten Testament*, Bd. 1: *Vor- und Frühgeschichte Israels*, Neukirchen-Vluyn 1989; dies. (Hg.), *Ethnologische Texte zum Alten Testament*, Bd. 2: *Die Entstehung des Königtums*, Neukirchen-Vluyn 1997.

Alphabet und Demokratie

* Rüdiger Haude, Thomas Wagner, *Herrschaftsfreie Institutionen. Texte zur Stabilisierung staatsloser, egalitärer Gesellschaften*, Heidelberg 2019, S. 204–209.

** Rüdiger Haude, »Weise Wilde. Schrift und Politik bei den Hanunoo-Mangyan auf Mindoro«, in: Ines Soldwisch u. a. (Hg.), *Schrift und Herrschaft. Facetten einer komplizierten Beziehung*, Bielefeld 2022, S. 205–248.

1 Eine Überblicksdarstellung zum Verhältnis von Schrift und Herrschaft findet sich jetzt in Rüdiger Haude, »Wer schreibt? Wer liest? Und was steht da? Facetten der schwierigen Beziehung zwischen Herrschaft und Schrift«, in: Ines Soldwisch u. a. (Hg.), *Schrift und Herrschaft. Facetten einer komplizierten Beziehung*, Bielefeld 2022, S. 15–39.

2 Alfred C. Moorhouse, *The Triumph of the Alphabet. A History of Writing*, New York 1953, S. 204.

3 Vgl. Richard Landes, »Justice, Work, Study, and Protest. The Biblical Contributions to Modern Democracy«, in: *Tikkun* 8, 4 (1993), S. 67–72, hier S. 67. Mit Blick aufs Alte Testament: »*Isonomia* bedingt Literalität [...]. Nur eine informierte Bürgerschaft, die sich der Gesetze bewußt war, konnte hoffen, ihre gesetzlichen Rechte gegen die dauernden Übergriffe der Machthaber zu schützen.«

4 Marshall McLuhan, *Die Gutenberg-Galaxis. Das Ende des Buchzeitalters*, Bonn u. a. 1995, S. 27, 40.

5 Vgl. Edward Said, *Orientalismus*, Frankfurt/M. u. a. 1981. – Said berücksichtigt in seiner

Analyse des Orients als eines »orientalistischen« Konstrukts okzidentaler Herrschaftslegitimation die Schriftwissenschaft nicht. Sie hätte seine Thesen glänzend bestätigen können. Was Said etwa über philologische Parallelisierungen zwischen semitischen Sprachen und semitischen Menschen bzw. Gesellschaften durch Orientalisten des 19. Jahrhunderts referiert, hat perfekte Entsprechungen in den Kapriolen der Schriftpsychologie; vgl. Anm. 59 zu diesem Text. – Eric A. Havelock, *Schriftlichkeit. Das griechische Alphabet als kulturelle Revolution*, Weinheim 1990, behauptet zum Beispiel allen Ernstes, dass moderne israelische und arabische Zeitungen prinzipiell »zum Formelhaften tendieren«. Noch aufschlussreicher ist seine historische Reflexion zum Untergang von Byzanz, den er auf die von den unterschiedlichen Alphabeten nicht symbolisierte, sondern *herbeigeführte* Spaltung des Römischen Reiches zurückführt: »Byzanz wurde gegen die Türken sich selbst überlassen, und als es fiel, fiel sein Alphabet mit ihm. Die arabische Schrift der Eroberer, die es ersetzte, verursachte einen Rückfall in die ineffiziente Silbenkurzschrift und leitete so eine neue Ära der handwerklichen Literalität ein, eine Trennung zwischen Herrschern und Beherrschten, ein Wiederaufleben des bürokratischen Despotismus und des religiösen Autoritätsmonopols, während sich in der Masse die Gewohnheiten der rein oralen Kommunikation und Bewahrung wieder etablierten.« (S. 161 f.) In dieser Einschätzung werden gleich drei typische Verzerrungen deutlich: 1. die Prämisse, Schrift sei der einzig relevante Faktor politischer Entwicklungen; 2. die Bewertung der arabischen Schrift als defizient; 3. die Unterstellung, Byzanz sei seinerseits nicht despotisch gewesen, es habe dort keine »Trennung zwischen Herrschern und Beherrschten« stattgehabt!

6 Für hilfreiche Kritik an früheren Versionen dieses Textes danke ich vor allem Jan Assmann, Peter Höffken, Jochen Martin und Thomas Wagner.

7 Cornelius Castoriadis, »Die griechische Polis und die Schaffung der Demokratie«, in: Ulrich Rödel (Hg.), *Autonome Gesellschaft und libertäre Demokratie*, Frankfurt/M. 1990, S. 298–328, hier S. 300. – Diese botanische Metapher enthält nicht allein einen Entwicklungsdeterminismus (denn in einem Samenkorn ist das Bild der vollentwickelten Pflanze weitgehend vorherbestimmt); sondern sie evoziert zudem den Gedanken an gärtnerische Pflege – lateinisch *Kultur* –, womit das mit diesem Begriff Bezeichnete implizit zu einem gesellschaftlichen *Sonder*phänomen gemacht wird.

8 Yehuda Elkana, »Die Entstehung des Denkens zweiter Ordnung im antiken Griechenland«,

in: Shmuel N. Eisenstadt (Hg.), *Kulturen der Achsenzeit. Ihre Ursprünge und ihre Vielfalt. Teil 1*, Frankfurt/M. 1987, S. 52–88, hier S. 59.

9 Christian Meier, *Die Entstehung des Politischen bei den Griechen*, Frankfurt/M. 1995, S. 12. – Der Fairness halber ist darauf hinzuweisen, dass Meier im Einzelnen »Entsprechungen« im alten Israel konzediert (S. 72, 328, 419 u. ö.), wie er auch nicht darauf verzichten kann, bei seiner griechischen Rekonstruktion auf theoretische Einsichten zurückzugreifen, die am israelitischen Fall gewonnen wurden (S. 69). Nur schlägt dies nicht auf seine plakativen Urstiftungs-Thesen durch.

10 In der Geschichts- und in der Politikwissenschaft ist ein anderer Definitionstyp verbreitet, der darauf besteht, Demokratie sei stets eine Herrschafts- und Staatsform. Diese Position hat die Begriffsetymologie auf ihrer Seite. Jedoch gerät sie schnell in logische Aporien: Wenn und soweit eine politische Struktur verfestigte Machtasymmetrien (Herrschaft) aufweist, ist der gleichheitliche Zugang (von Machthabern und Herrschaftsunterworfenen) zu den politische Ressourcen außer Kraft gesetzt. Auch wenn also »realtypisch« durchaus von demokratischen Staaten gesprochen werden kann (z. B. im Unterschied zu despotischen), so ist doch der logische Zielpunkt von Demokratie identisch mit Herrschaftsfreiheit (Anarchie). Dies ist jedenfalls das

diesem Aufsatz zugrundeliegende Begriffsverständnis; vgl. zur theoretischen Abgrenzung politischer Grundbegriffe auch Rüdiger Haude, Thomas Wagner, *Herrschaftsfreie Institutionen. Texte zur Stabilisierung staatsloser, egalitärer Gesellschaften*, Heidelberg 2019, S. 64–81.

11 Thorkild Jacobsen, »Primitive Democracy in Ancient Mesopotamia«, in: ders., *Toward the Image of Tammuz and Other Essays on Mesopotamian History and Culture*, Cambridge 1970, S. 157–170, 396–407.

12 Michael Mann, *Geschichte der Macht 1. Von den Anfängen bis zur griechischen Antike*, Frankfurt/M. 1990, S. 179.

13 Hayim Tadmor, »›The People‹ and the Kingship in Ancient Israel. The Role of Political Institutions in the Biblical Period«, in: *Journal of World History* 11 (1968), S. 46–68, hier S. 47 mit weiteren Nachweisen.

14 Christian Meier, »Die Entstehung einer autonomen Intelligenz bei den Griechen«, in: Shmuel N. Eisenstadt (Hg.), *Kulturen der Achsenzeit. Ihre Ursprünge und ihre Vielfalt. Teil 1*, Frankfurt/M. 1987, S. 89–127, hier S. 98 f.

15 Vgl. James Woodburn, »Egalitarian Societies«, in: *Man. New Series* 17 (1982), S. 431–451; E. Adamson Hoebel, *Das Recht der Naturvölker. Eine vergleichende Untersuchung rechtlicher Abläufe*, Olten, Freiburg/Breisgau 1968. – »Die ganz primitiven Gesellschaften sind

demokratisch in einer Weise, die an Anarchie grenzt. Aber Anarchie ist bei ihnen nicht mit Chaos gleichzusetzen« (S. 370).

16 Pierre Clastres, *Staatsfeinde. Studien zur politischen Anthropologie*, Frankfurt/M. 1976, S. 29.

17 Bronisław Malinowski, *Schriften zur Anthropologie*, Frankfurt/M. 1986 (Schriften, Bd. 4), S. 184–186.

18 Ebd., S. 192.

19 Vgl. ebd., S. 194. – Der Gedanke der Demokratie in »primitiven« Gesellschaften kann hier nicht vertieft werden. Vgl. dazu, neben der angeführten Literatur, Sigrist, *Regulierte Anarchie*; sowie Haude/Wagner, *Herrschaftsfreie Institutionen*.

20 Nach Jack Goody, *Die Logik der Schrift und die Organisation von Gesellschaft*, Frankfurt/M. 1990, S. 200.

21 Vgl. Leonardo Benevolo, *Die Geschichte der Stadt*, Frankfurt/M., New York 1990, S. 92, 126–153.

22 Elkana, »Die Entstehung des Denkens zweiter Ordnung«, S. 65.

23 Ebd., S. 67.

24 Vgl. Walter J. Ong, *Oralität und Literalität. Die Technologisierung des Wortes*, Opladen 1987, S. 109–112.

25 Für die beiden letztgenannten Aspekte danke ich einem Hinweis von Jochen Martin.

26 Goody, *Die Logik der Schrift*, S. 203 (Anm.).

27 Vgl. Castoriadis, »Die griechische Polis und die Schaffung der Demokratie«, S. 314. – Hierbei handelt es sich um die Verbindung von »monumentalem Diskurs« und Demokratie, wie sie etwa auch für die zeitgenössischen politischen Systeme Frankreichs oder der USA charakteristisch ist. Derartige Techniken dienen der symbolischen Unverfügbarmachung der demokratischen Institutionen beziehungsweise der Ergebnisse demokratischer Prozeduren. Eine solche Symbolik ist aber demokratietheoretisch prekär, weil im monumentalen Diskurs die symbolische Hauptnote auf *Herrschaft* liegt und die demokratische Struktur hierfür letztlich kontingent bleibt. *Demokratische* Symbolisierungsformen hätten sich stattdessen am Maß des Menschen zu orientieren; vgl. dazu Haude/Wagner, *Herrschaftsfreie Institutionen*, S. 105–135.

28 Havelock, *Schriftlichkeit*, S. 41.

29 Zit. n. Moorhouse, *The Triumph of the Alphabet*, S. 204.

30 Vgl. Mann, *Geschichte der Macht 1*, S. 335 f.

31 Christian Sigrist, *Kritische Implikationen des Konzepts »Ethnizität als Selbstorganisation«*, Manuskript, Münster 1996, S. 6.

32 Hannah Arendt, *Über die Revolution*, München, Zürich 1994, S. 319–362.

33 Haude/Wagner, *Herrschaftsfreie Institutionen*, S. 82–104.

34 Vgl. ebd., S. 178–209.

35 Goody, *Die Logik der Schrift*, S. 202.

36 Eine – von den Theoretikern der Vorschriftlichkeit vernachlässigte – Form der Semasiografie ist jene, die direkt auf den Körper der Gesellschaftsmitglieder ›geschrieben‹ wird: in den Foltern der Initiationsrituale. Diese schreckliche Technik des kulturellen Gedächtnisses ist, wie Pierre Clastres zeigt, gleichwohl eine genuin demokratische, nämlich egalitäre. »Das grausam gelehrte primitive Gesetz ist ein Verbot der Ungleichheit, an das sich jeder erinnern wird.« »Die Narben auf dem Körper sind der eingeschriebene Text des primitiven Gesetzes, und in diesem Sinne sind sie eine *Schrift auf dem Körper.*« Schrift im engeren Sinn ist für Clastres jene, die »das losgelöste, ferne, despotische Gesetz anzeigt, das Gesetz des Staates« (Clastres, *Staatsfeinde*, S. 177 f.). Hieraus ist so viel zu lernen, dass auch die eigentliche, glottografische Schrift nur dann demokratisch sein kann, wenn sie nicht von der menschlichen Lebenswelt *losgelöst*, wenn der Zugang zu ihr (auch zu ihrer Produktion) egalitär ist. Inwieweit dies in unserer eigenen Kultur gewährleistet ist, mag die geneigte Leserschaft selbst entscheiden.

37 David Diringer, *The Alphabet. A Key to the History of Mankind*, Bd. 1, London 1968, S. 161 f., schreibt: »Die politische Situation im Nahen Osten jener Periode begünstigte die Kreation einer ›revolutionären‹ Schrift, einer Schrift,

die wir vielleicht ›demokratisch‹ (oder besser: eine ›Volks‹-schrift) nennen können, gegenüber den ›theokratischen‹ Schriften Ägyptens, Mesopotamiens oder Chinas. Wie bei anderen wichtigen Innovationen [...] wurde die alphabetische Schrift [...] von den konservativen, politisch stabilisierten Staaten und theokratisch regierten Gesellschaften stark bekämpft. Es bedurfte Jahrhunderte, bis sich das Alphabet etabliert hatte, und auch dann nur in neu gegründeten Staaten.« – Auch William H. McNeill spricht von einer »in der Vereinfachung von Schriften implizierte[n] Demokratisierung des Lernens«, die er für einen »der Hauptwendepunkte in der Kulturgeschichte« hält (zitiert nach Mann, *Geschichte der Macht 1*, S. 314). Schwerlich jedoch kann man hier die Vorsicht der Argumentation übertreiben. Vgl. etwa Kathleen Goughs Bestreitung der ursprünglichen krassen Abwertung nichtalphabetischer Schriften seitens Goody und Watt anhand von Erörterungen über indische und chinesische Zivilisation (Kathleen Gough, »Implikationen der Literalität im traditionalen China und Indien«, in: Jack Goody u. a., *Entstehung und Folgen der Schriftkultur*, Frankfurt/M. 1986, S. 123–145). Goody hat daraufhin die diesbezüglichen Aussagen relativiert (Jack Goody, »Funktionen der Schrift in traditionalen Gesellschaften«, in: Goody u. a., *Entstehung und Folgen der Schriftkultur*, S. 25–61). – Auch die ägyptische Schrift ist zuweilen in weitgehend literalisierten Handwerkersiedlungen zu Zwecken der Alltagskommunikation benutzt worden (wie in Deir el-Medineh; vgl. Andrea G. McDowell, »Die Schriftkultur einer altägyptischen Siedlung«, in: *Spektrum der Wissenschaft* 2 (1997), S. 76–81).

38 Hans Jensen, *Die Schrift in Vergangenheit und Gegenwart*, Berlin [3]1969, S. 46. – In der noch jüngst wiederaufgelegten Schrift von Ernst Doblhofer (*Die Entzifferung alter Schriften und Sprachen*, Stuttgart 1993, S. 37) klingt dies noch pathetischer: »blieb es den Indogermanen vorbehalten, der Buchstabenschrift die Krone vollkommener Reinheit und Eindeutigkeit aufzusetzen«. – Bezeichnend ist, dass Jensen für seine These von der Prärogative der Indoeuropäer auch die Keilschrift der persischen Achämeniden ins Feld führt, deren 51 Zeichen (von denen – typisch für Silbenschriften – drei Zeichen isolierte Vokale sind) wahrlich deutlicher den Charakter einer Silbenschrift tragen als die Konsonantenalphabete (vgl. Godfrey R. Driver, *Semitic Writing. From Pictograph to Alphabet*, Oxford 1954, S. 131 f.).

39 Albertine Gaur, *A History of Writing*, London 1984, S. 156. – Sie fährt fort: »Die Ausbreitung der Demokratie beruhte auf der Ausbreitung der Literalität.« – Vgl. ähnlich auch Martin

Kuckenburg, *Die Entstehung von Sprache und Schrift. Ein kulturgeschichtlicher Überblick*, Köln 1989, S. 247: »Die athenische direkte Demokratie mit ihrer unmittelbaren Mitwirkung und Verantwortlichkeit der Vollbürger, von denen ein großer Teil einmal oder mehrmals im Leben staatliche Funktionen ausübte, setzte eine allgemeine Schreib- und Lesekundigkeit geradezu voraus.«

40 Mit falscher Quellenangabe; die Passagen stehen 1 Kön 17, 4–6, nicht 1 Kön 22.

41 Goody/Watt, »Konsequenzen der Literalität«, in: Goody u. a., *Entstehung und Folgen der Schriftkultur*, S. 63–122, hier S. 81–83.

42 Das Beispiel entnehme ich Wolfgang Welsch, *Unsere postmoderne Moderne*, Weinheim 1988, S. 178 f.

43 Vgl. Ignace J. Gelb, *Von der Keilschrift zum Alphabet. Grundlagen einer Schriftwissenschaft*, Stuttgart 1958.

44 Für Gelb (ebd., S. 81, 144) ist aber gerade der silbische Charakter der entsprechenden Teile der ägyptischen Schrift Beweis für ebendenselben Charakter der semitischen. Er begründet mit der unkaschierten Argumentationsfigur, es könne nicht sein, was nicht sein dürfe: »Die ägyptische phonetische, nichtsemantische Schrift kann nicht konsonantisch gewesen sein, weil die Entwicklung von einer logographischen zu einer konsonantischen Schrift – wie sie allgemein von Ägyptologen

angenommen wird – in der Geschichte der Schrift unbekannt und undenkbar ist.« – Vgl. dagegen, mit derselben apodiktischen Überzeugtheit, Driver, *Semitic Writing*, S. 138: »Silbenschrift ist eine Sackgasse, aus der es kein Entkommen gibt«!

45 Alfred Schmitt, *Entstehung und Entwicklung von Schriften*, Köln, Wien 1980, S. 309.

46 Obwohl mit diesem Hinweis dem Argument begegnet werden kann, die Vokalisierung des Alphabets bedeute einen beträchtlichen *Abstraktionsgewinn.* Jan Assmann, *Das kulturelle Gedächtnis. Schrift, Erinnerung und politische Identität in frühen Hochkulturen*, München 1997, S. 264, macht in diesem Kontext nämlich plausibel, auch das semitische (und ägyptische) Absehen von den Vokalen beruhe auf einer Abstraktionsleistung: »Die Schrift zielt durch die Oberflächenstruktur ausformulierter Sprache hindurch auf die Wurzelstruktur der Lexeme, unterscheidet also zwischen Sinnträgern und Flexionsformen und fördert so ein Bewußtsein für semantische Bezüge, ein Denken in ›Sinnwurzeln‹, das sich auch im Grundprinzip semitischer Dichtung, dem ›Parallelismus membrorum‹, niederschlägt.«

47 Niklas Luhmann, *Die Gesellschaft der Gesellschaft*, Frankfurt/M. 1997, S. 262.

48 Ebd., S. 279. – Immerhin gesteht Luhmann jetzt die Möglichkeit nichtalphabetisierter »funktionaler Äquivalente« wie der chine-

sischen Schrift »unter anderen sprachlichen (und auch phonetischen) Vorbedingungen« zu (S. 280, Anm. 156).

49 Zur Kritik des schrifttheoretischen Ethnozentrismus vgl. Geoffrey Sampson, *Writing Systems*, London u. a. 1987, S. 11 f.

50 Havelock, *Schriftlichkeit*, S. 71 f.

51 Flavius Josephus, »Gegen Apion«, in: ders., *Kleinere Schriften*, Wiesbaden 1993, II, § 16. – Vgl. auch Landes, »Justice, Work, Study, and Protest«, S. 67.

52 Martin Buber, *Königtum Gottes*, Heidelberg 1956, S. 115, 118. – Vgl. Haude/Wagner, *Herrschaftsfreie Institutionen*, S. 198–200.

53 Abgesehen wird dabei von der immanenten Symbolik etlicher ägyptischer Hieroglyphen, die Herrschaftsinsignien (Szepter u. ä.) darstellen; vgl. S. 67 f. im vorliegenden Band.

54 Havelock, *Schriftlichkeit*, S. 56.

55 Ebd., S. 65.

56 Aleida Assmann und Jan Assmann, »Kanon und Zensur«, in: dies. (Hg.), *Kanon und Zensur. Beiträge zur Archäologie der literarischen Kommunikation II*, München 1987, S. 7–27, hier S. 13 f.

57 Vgl. Havelock, *Schriftlichkeit*, S. 61–65.

58 Ong, *Oralität und Literalität*, S. 92. – Diese Einbindung ist nun gerade ein Charakteristikum der *griechischen* Schrift. Griechische Texte tragen, wie Jan Assmann (*Das kulturelle Gedächtnis*, S. 266 f.) formuliert, »ihre

Schriftlichkeit nicht zur Schau«; die griechische Schriftkultur »steht der Mündlichkeit [...] offen, drängt sie nicht ab in die Subkultur, sondern nimmt ihre Formen auf und bringt sie zu neuer, gesteigerter Entfaltung«; ihre Handhabung bedarf nicht besonderer Bevollmächtigung. Ich meine nun, dass man hiermit zwar das Hebräische der ›fertigen‹ Bibel kontrastieren kann, in der israelitischen *Frühzeit* aber eher ein Parallelfall zur späteren griechischen Schriftkultur vorliegt. Insofern stimme ich dem Zitat Ongs zu.

59 Der methodische Fehler dürfte darin liegen, dass eine jeweils *vorab* gegebene Projektion der Gesellschaft unbewusst auf die vermeintliche Determinante zurückgeführt wird, statt dass sie aus dieser abgeleitet würde. Noch deutlicher wird dieses Problem in den noch immer ernsthaft vorgetragenen Psychologien der Zeichenformen. Z. B. macht Károly Földes-Papp, *Vom Felsbild zum Alphabet. Die Geschichte der Schrift von ihren frühesten Vorstufen bis zur modernen lateinischen Schreibschrift*, Stuttgart, Zürich 1987, S. 128 geltend, die Öffnung der phönizischen Buchstaben nach oben in der aramäischen Schrift dürfe »schriftpsychologisch als geistige Empfangsbereitschaft, Aufgeschlossenheit und Anpassungsfähigkeit der Aramäer gedeutet werden. Das sind Eigenschaften, die es verständlich machen, warum die Schrift der Aramäer in diesen

Jahrhunderten [Mitte 1. Jtsd.] schon fast ganz Vorderasien erobert hatte.« Umgekehrt verhalte es sich bei der aus der aramäischen entwickelten hebräischen Quadratschrift (ebd., S. 132): »Die völlige Absperrung der quadratischen Buchstaben nach oben – bis auf drei oder vier Ausnahmen – kann, schriftpsychologisch, für diese Zeit als Mangel an geistiger Empfangsbereitschaft und Aufgeschlossenheit oder als Fehlen einer Kontaktmöglichkeit zu Nichthebräern gedeutet werden.« Den Prototyp schriftpsychologischer Projektionen stellt das berühmte Zitat Lidzbarskis zur *alt*hebräischen Schrift dar (zitiert nach ebd., S. 122): deren Zeichen seien gegenüber den phönizischen allmählich »auffallend in die Breite gegangen«, während die phönizische Schrift »immer schlanker und eleganter wurde [...] Nimmt sich die phönikische Schrift wie eine kaufmännische aus, so ist die hebräische eine winklige Gelehrtenschrift.« Ich habe wenig Zweifel, dass Lidzbarski im Falle des Befundes *schlanker* althebräischer Buchstaben eine ›engstirnige‹ Gelehrtenschrift entdeckt hätte.

60 Havelock, *Schriftlichkeit*, S. 62 f.

61 Assmann, *Das kulturelle Gedächtnis*, S. 262 f.

62 Selbst wenn Flavius Josephus (»Gegen Apion«, I, § 2) geltend macht: »Auch lernten die Griechen erst spät und unzureichend die Buchstabenschrift.«

63 Assmann, *Das kulturelle Gedächtnis*, S. 280 ff.

64 Flavius Josephus, »Gegen Apion«, I, §§ 2–8 (bei Assmann, *Das kulturelle Gedächtnis*, S. 270, mit falscher Quellenangabe zitiert). – Flavius scheint zu entgehen, dass er mit diesem wie mit seinen übrigen Werken *seinerseits* durchaus nichtkanonische jüdische Bücher produziert hat, sein Argument also entkräftet, *indem* er es vorträgt.

65 Assmann, *Das kulturelle Gedächtnis*, S. 92 (Anm. 6).

66 Frank Crüsemann, *Der Widerstand gegen das Königtum. Die antiköniglichen Texte des Alten Testamentes und der Kampf um den frühen israelitischen Staat*, Neukirchen-Vluyn 1978 (Wissenschaftliche Monographien zum Alten und Neuen Testament, Bd. 49), S. 217.

67 Norbert Lohfink, »Der Begriff des Gottesreichs vom Alten Testament her gesehen«, in: Josef Schreiner (Hg.), *Unterwegs zur Kirche. Alttestamentliche Konzeptionen*, Freiburg/Breisgau u. a. 1987, S. 33–86, hier S. 59.

68 Die wichtigsten Textzeugnisse hierfür sind die »Jotamfabel« (Ri 9, 8–15), der »Gideonspruch« (Ri 8, 23) und Teile der Saul-Erzählung (vor allem 1 Sam 8). – Im Kontext der letztgenannten Bibelstelle ist auch das Motto dieses Kapitels zu verstehen: als schriftgestützte *Warnung* vor dem menschlichen Königtum.

69 Vgl. Hans-Winfried Jüngling, »Propaganda für das Königtum. Die Tendenzgeschichte in Ri 19«, in: *Bibel und Kirche* 2 (1983), S. 64 f.

70 Max Weber, *Gesammelte Aufsätze zur Religionssoziologie III. Das Antike Judentum*, Tübingen 1988, S. 209 f.

71 Ebd., S. 207 f.

72 Havelock, *Schriftlichkeit*, S. 61.

73 Auch hier kommen dann Kurzschlüsse von der Alphabetisierung auf die *Möglichkeit* von Demokratie vor. So bei Philip J. King (»Die archäologische Forschung zur Ansiedlung der Israeliten in Palästina«, in: *Bibel und Kirche* 2 (1983), S. 73–76, hier S. 74), der hier Frank Cross zitiert: »Mit der Entdeckung des Alphabets war zum ersten Mal die Möglichkeit zur Demokratisierung der Kultur gegeben. Mit der Erfindung der alphabetischen Schreibweise verbreitete sich die Literatur wie ein Lauffeuer und man kann sagen, daß mit der Entstehung des linearen Alphabets eine neue Epoche der Kulturgeschichte begann.« – In jeder Hinsicht eine Gegenposition nimmt Niels Peter Lemche ein: Er rechnet mit nennenswerten Literalitätsraten in Palästina erst »in hellenistischer Zeit«, für vorexilische Epochen dagegen mit »umherziehenden Künstlern«, Spezialisten für kulturelles Gedächtnis, die für ihn »ein sehr ›demokratisches‹ System« darstellen (Niels Peter Lemche, *Die Vorgeschichte Israels. Von den Anfängen bis zum Ausgang des 13. Jahrhunderts v. Chr.*, Stuttgart u. a. 1996, S. 166, 170). Vgl. ferner die Diskussion bei Mark G. Brett, »Literacy and

Domination. G.A. Herion's Sociology of History Writing«, in: *Journal for the Study of the Old Testament* 37 (1987), S. 15–40, hier S. 27 f.

74 Vgl. die Aufstellung in Haude/Wagner, *Herrschaftsfreie Institutionen*, S. 205–208.

75 Sean Warner, »The Alphabet. An Innovation and Its Diffusion«, in: *Vetus Testamentum* XXX (1980), S. 81–90.

76 Driver, *Semitic Writing*, S. 88 f.

77 Vgl. Goody, *Die Logik der Schrift*, S. 84 f.

78 Dass, wenn man Schriftkundigkeit in Israel erörtert, diese *alphabetisch* (im Sinne der nordsemitischen Alphabetschrift) gewesen sein muss, unterstelle ich aus folgenden Gründen: 1. weil die wenigen archäologischen Schriftfunde in der hebräischen Sprache die althebräische Spielart des nordsemitischen Alphabets aufweisen; 2. weil die biblische Tradition Schriftlichkeit als eine Errungenschaft der Exodus-Zeit betrachtet, während zum Beispiel die Patriarchen als illiteral vorgestellt werden (Solomon Gandz, »Oral Tradition in the Bible«, in: Salo W. Baron, Alexander Marx (Hg.), *Jewish Studies in Memory of George A. Kohut*, New York 1935, S. 248–269, hier S. 249); 3. weil etwa die von der Tradition angenommene Schriftverwendung auf getünchten Steinen jedenfalls die *Keilschrift*-Alternative ausschließt (vgl. Weber, *Gesammelte Aufsätze zur Religionssoziologie III*, S. 85, hierzu auch Driver, *Semitic Writing*, S. 78 f.). Zur Unbrauchbar-

keit der ägyptischen Schrift für die israelitische Kultur vgl. S. 67 im vorliegenden Band.

79 Driver, *Semitic Writing*, S. 89.

80 Die biblischen Belegstellen hierfür finden sich ebenfalls bei Driver, *Semitic Writing*, S. 88.

81 Gandz, »Oral Tradition in the Bible«, S. 269.

82 Havelock, *Schriftlichkeit*, S. 77–105.

83 Jan Assmann, »Stein und Zeit. Das ›monumentale‹ Gedächtnis der altägyptischen Kultur«, in: ders., Tonio Hölscher (Hg.), *Kultur und Gedächtnis*, Frankfurt/M. 1988, S. 87–114.

84 Auf die Wichtigkeit des Schreibens mit Tinte deuten paradoxerweise gerade die gravierten Schriftfunde hin. Die in hartes Material gemeißelten oder gravierten Inschriften in althebräischer Schrift nämlich »sind kursiv und ahmen sogar die Schattierung nach, die beim Schreiben mit Tinte und Feder entsteht« (so wie, umgekehrt, unsere Serifenschriften gemeißelte Steininschriften nachahmen). »Das Fehlen einer *Lapidarschrift* bedeutet vielleicht, daß die Hebräer nicht die Gewohnheit hatten, beschriftete Steinsäulen zu errichten und den Göttern Votivinschriften zu widmen« (Joseph Naveh, *Die Entstehung des Alphabets. Einführung in die Archäologie der Schrift*, Herzlia 1996, S. 24, 26).

85 Vgl. Driver, *Semitic Writing*, S. 86.

86 Vgl. die Kontroverse um die Existenz von institutionalisierten Schulen in Israel bei André Lemaire, *Les Écoles et la Formation de la Bible*

Dans l'Ancien Israël, Fribourg, Göttingen 1981 (OBO 39); Peter Höffken, »André Lemaire, Les Écoles et la formation de la Bible dans l'ancien Israël (Fribourg/Göttingen 1981)«, in: *Bibliotheca Orientalis* XLI, No. 3–4 (1984), Sp. 449–453; David W. Jamieson-Drake, *Scribes and Schools in Monarchic Judah. A Socio-Archeological Approach*, Sheffield 1991 (JSOTS 109; SWBA 9); und Bernhard Lang, »Schule und Unterricht im alten Israel«, in: ders., *Wie wird man Prophet in Israel? Aufsätze zum Alten Testament*, Düsseldorf 1980, S. 104–119. Es sei in diesem Kontext bemerkt, dass die Spärlichkeit mit Schultexten beschriebener Tonscherben (Ostraka) in Palästina (Höffken, »André Lemaire«, S. 451) an sich keinen Beweis gegen die Existenz von Schulen liefert. Die Griechen benutzten für schulische Zwecke Schiefertafeln, Wachstafeln und Sand (Havelock, *Schriftlichkeit*, S. 84), wie Papyrus also Schriftträger von geringer Haltbarkeit. Auch wenn es also stimmt, dass Ostraka ein typisch »demokratischer« Schriftträger sind, sind sie insoweit nicht alternativlos. Es bleibt daher hier wie sonst zu beachten, dass die Archäologie stets nur einen extrem verzerrten Ausschnitt der Schriftproduktion zu Gesicht bekommt.

87 Wenn es gegen Havelock spricht, dass im modernen Israel die Schriftkultur auf die (liturgisch ja durchgesetzte) diakritische Vokalisierung der hebräischen Schrift verzichtet, so

ließe sich sein Argument doch dadurch unterstützen, dass diese Punktierung zum Zwecke des Schrifterwerbs der Kinder (etwa in Kinderbüchern) Verwendung findet. Daraus lässt sich schließen, dass es jungen Kindern schwerer fällt, unvokalisierte Schrift zu erlernen. Und dass das Lesen- und Schreibenlernen im Kindesalter eine wichtige Bedingung für verbreitete Literalität ist, macht Havelock insgesamt plausibel. In diesem Sinne hat Ong (*Oralität und Literalität*, S. 92) argumentiert, das Erlernen einer vokallosen Alphabetschrift setze die genaue Kenntnis der Sprache voraus, könne also erst in relativ fortgeschrittenem Alter einsetzen. Leider sind die Informationen über die Didaktik des Schrifterwerbs im alten Israel zu spärlich, um hier ein abschließendes Urteil zu erlauben. Keineswegs wird hier der Optimismus Albrights geteilt, selbst der dümmste Schüler habe das althebräische Alphabet in ein oder zwei Wochen erlernen können (vgl. Alan R. Millard, »The Practice of Writing in Ancient Israel«, in: *The Biblical Archaeologist* XXXV, 4 (1972), S. 98–111, hier S. 102). Vgl. jedoch die Notizen über schriftkundige Kinder in Jes 10, 19 und 28, 9 f., sowie, zur Richterzeit, Ri 8, 14; sowie den bei King, »Die archäologische Forschung«, angezeigten Ostrakon-Fund.

88 Vgl. Assmann, *Das kulturelle Gedächtnis*, S. 218–222.

89 Vgl. Gandz, »Oral Tradition in the Bible«; Walter J. Ong, *The Presence of the Word. Some Prolegomena for Cultural and Religious History*, New Haven, London 1967, S. 188 f.

90 Dazu sind ferner die frühkanaanäischen Schriftfunde zu rechnen, die zwischen dem 18. und dem 13. Jahrhundert datiert werden; vgl. Diringer, *The Alphabet*, S. 156; Driver, *Semitic Writing*, S. 98–103; King, »Die archäologische Forschung«. Diese auf Bronze- bzw. Keramik-Gegenständen aufgebrachten alphabetischen Inschriften sind größtenteils bis heute nicht lesbar (vgl. Driver, *Semitic Writing*, S. 125). Das gilt auch für das Ostrakon von ʻIzbet Sartah (ca. 1200 v. Chr.), das jedoch das früheste aufgefundene Abecedarium enthält und von Moshe Kochavi, »An Ostracon of the Period of the Judges from ʻIzbet Sartah«, in: *Tel Aviv* 4 (1977), S. 1–13, hier S. 6) für die »Schreibübung eines Schuljungen oder Schreiberlehrlings« gehalten wird. Außer Betracht bleibt die berühmte Mesa-Stele, die zwar in althebräischer Schrift verfasst ist, jedoch in außerisraelitischem politischen Kontext (nämlich im Königreich Moab) errichtet wurde.

91 Vgl. Johannes Renz, Wolfgang Röllig, *Handbuch der althebräischen Epigraphik*, Bd. 1, Darmstadt 1995, S. 11–19; James B. Pritchard (Hg.), *Ancient Near Eastern Texts Relating to the Old Testament, Third Edition with Supple-*

ment, Princeton (NJ) 1969, S. 320–322, 568 f.; Driver, *Semitic Writing*, S. 108–119.

92 Diringer (*The Alphabet*, S. 187) referiert, einige Wissenschaftler hielten den Kalender für die »Übungstafel eines Schulknaben«.

93 So in der Tendenz Driver, *Semitic Writing*. Vgl. ebd. S. 112, wo er aus dem archäologischen Befund einer wachsenden Zahl von Siegelabdrücken – Eigentumszeichen – auf eine »Diffusion des Schreibens im Palästina der vorexilischen Periode, zwischen ca. 1000 v. Chr. und ca. 600 v. Chr.« schließt. Diese spezielle Form der Schriftverwendung lässt aber wohl eher auf einen langfristigen Wandel in den *Eigentumsverhältnissen* schließen (mit dem die Produktion von Analphabetismus durchaus einhergegangen sein könnte). Dass gerade israelitische Siegel durch ihre häufige Bildlosigkeit dennoch auf relativ verbreitete Literalität hinweisen, bemerkt Millard, »The Practice of Writing in Ancient Israel«, S. 103 f.

94 Assmann, *Das kulturelle Gedächtnis*, S. 268.

95 Vgl. Goody, *Die Logik der Schrift*, S. 47–49.

96 Vgl. Gandz, »Oral Tradition in the Bible«, S. 253 f.; Goody/Watt, »Konsequenzen der Literalität«, S. 82.

97 Zit. n. Jacques Derrida, *Die Schrift und die Differenz*, Frankfurt/M. 1972, S. 102.

98 Man beachte auch die verlorengegangenen »Bücher«, die im Alten Testament zitiert oder

auf die verwiesen wird: das vermutlich vorstaatliche »Buch von den Kriegen des Herrn« (Num 21, 14); das wohl frühmonarchische »Buch des Redlichen« (Jos 10, 13; 2 Sam 1, 18); sowie das »Buch der Könige von Israel« (1 Chr 9, 1 u. ö.).

99 Der Idealtypus Regulierte Anarchie ist gewissermaßen die politische Formulierung des Typus Segmentäre Gesellschaft (vgl. Sigrist, *Regulierte Anarchie*). Verwandtschaftsstruktur und politische Struktur sind hier tatsächlich weitgehend deckungsgleich. Die beiden zentralen politischen Regulierungsprinzipien sind die politische Gleichheit äquivalenter Verwandtschaftsgruppen (Familie, Linie, usw.) sowie das Fehlen von Erzwingungsstäben. Im Sinne der auf S. 32 in diesem Band gegebenen Definition sind sie daher demokratisch und zugleich herrschaftsfrei.

100 Vgl. Christa Schäfer-Lichtenberger, *Stadt und Eidgenossenschaft im Alten Testament. Eine Auseinandersetzung mit Max Webers Studie »Das antike Judentum«*, Berlin, New York 1983 (Beiheft zur Zeitschrift für die alttestamentliche Wissenschaft, 156); Rainer Albertz, *Religionsgeschichte Israels in alttestamentlicher Zeit*, Bd. 1, Göttingen 1992 (ATD Ergänzungsreihe Bd. 8), S. 45–157; Haude/Wagner, *Herrschaftsfreie Institutionen*, S. 201.

101 Vgl. Schäfer-Lichtenberger, *Stadt und Eidgenossenschaft im Alten Testament*, S. 290–297.

102 Vgl. Tadmor, »›The People‹ and the Kingship in Ancient Israel«; Weber, *Gesammelte Aufsätze zur Religionssoziologie III*, S. 24.

103 So Christian Sigrist, »Einführung«, in: ders., Rainer Neu (Hg.), *Ethnologische Texte zum Alten Testament*, Bd. 1: *Vor- und Frühgeschichte Israels*, Neukirchen-Vluyn 1989, S. 7–10, hier S. 7. Vgl. auch Goodys Ansicht, auf der Ebene von Gesellschaften, die als »geordnete Anarchie« bezeichnet worden seien, spiele »Literalität innerhalb der politischen Ordnung noch keine Rolle, obgleich einige Wüsten- und Bergstämme, insbesondere in der islamischen Welt, durch die Schriftkultur angrenzender Staaten beeinflußt worden sein mögen« (Goody, *Die Logik der Schrift und die Organisation von Gesellschaft*, S. 154).

104 Vgl. Havelock, *Schriftlichkeit*, S. 72.

105 Ong, *Oralität und Literalität*, S. 92.

106 Weber (*Gesammelte Aufsätze zur Religionssoziologie III*, S. 105) schreibt, ohne damit auf Fragen der Schriftlichkeit Bezug zu nehmen, dass das *Fehlen von Bürokratisierung* ein gemeinsames Merkmal Israels und Phöniziens (wie auch des antiken Griechenlands!) gewesen sei. Dass dieser Sachverhalt ohne Auswirkungen auf die Schriftentwicklung geblieben wäre, ist höchst unwahrscheinlich.

107 Mann, *Geschichte der Macht 1*, S. 314.

108 Harald Haarmann, *Universalgeschichte der Schrift*, Frankfurt/, New York 1991.

109 Ernest Gellner, »Die Besonderheit des muslimischen Staates«, in: Shmuel N. Eisenstadt (Hg.), *Kulturen der Achsenzeit II. Ihre institutionelle und kulturelle Dynamik, Teil 3*, Frankfurt/M. 1992, S. 189–209, hier S. 202.

110 Jan Assmann, »Zur Verschriftung rechtlicher und sozialer Normen im Alten Ägypten«, in: Hans-Joachim Gehrke (Hg.), *Rechtskodifizierung und soziale Normen im interkulturellen Vergleich*, Tübingen 1994 (Script Oralia A, Bd. 15). S. 61–95, hier S. 65 f.

111 Ebd., S. 64.

112 Ebd., S. 62.

113 Jan Assmann, persönliche Kommunikation.

114 Haarmann, *Universalgeschichte der Schrift*, S. 133 f.

115 Ebd., S. 384–393.

116 Wenn Michael Mann (*Geschichte der Macht 1*, S. 313) von der Keilschrift als einer »neutral« gewordenen Schrift spricht, so ist gemeint, dass es keinen *akkadischen* Staat mehr gab, auf den sie bezogen gewesen wäre. Wohl aber blieb sie eindeutig mit *Staatlichkeit* konnotiert, war also zwar »national«, aber keineswegs »politisch« neutral. Vgl. die keilschriftliche Amarna-Korrespondenz aus dem 14. Jh. (Pritchard, *Ancient Near Eastern Texts Relating to the Old Testament*, S. 483–490), worin kanaanäische Stadtkönigtümer teilweise in Panik jene Aufstands- und Zerfallsbewegungen schildern, in deren Zusammenhang die

Ethnogenese Israels wohl gesehen werden muss.

117 Weber, *Gesammelte Aufsätze zur Religionssoziologie III*, S. 116.

118 Ong, *The Presence of the Word*, S. 176.

119 Aber andererseits schreibt Weber (*Gesammelte Aufsätze zur Religionssoziologie III*, S. 179), gerade die *Schrift*propheten hätten sich gegen die Traumwahrsagerei gewendet.

120 Vgl. Gandz, »Oral Tradition in the Bible«, S. 255.

121 Luther hat für diese schwer übersetzbare Passage bezeichnenderweise gefügt: »von Machir zogen Gebieter herab, und von Sebulon, die den Führerstab halten«.

Die Faust im Wappen

* Marshall Sahlins, David Graeber, *Über Könige. Versuch einer Archäologie der Souveränität*, Berlin 2022, Kapitel 1.

1 Christian Sigrist, *Regulierte Anarchie. Untersuchungen zum Fehlen und zur Entstehung politischer Herrschaft in segmentären Gesellschaften Afrikas*, Hamburg 1994, S. IX.

2 Vgl. hierzu den Überblick auf S. 21–24 des vorliegenden Bandes.

3 Ich danke Beate Haude, Thomas Wagner und Dorothea Nellessen für Anregungen und Kri-

tik. Für Fehler trage ich wie immer die Alleinverantwortung.

4 Neben der Gotteskonzeption, den Mythen- und Ritual-Komplexen haben freilich auch die historischen Erzählungen, die Rechtssammlungen, Poesie, Kunst und Musik, die Architektur und nicht zuletzt das genealogische System u. a. die Funktion einer symbolischen Darstellung der geltenden (bzw. der gelten sollenden) institutionellen Ordnung.

5 Vgl. zur Geschichte politisch-theologischer Interpretationen von Gen 11, 1–9 (für Herrschaftskritik und für die Ansicht, beim Turmbau sei Herrschaft erstmals entstanden): Arno Borst, *Der Turmbau von Babel. Geschichte der Meinungen über Ursprung und Vielfalt der Sprachen und Völker*, München 1995, S. 210, 265, 274, 300, 394 f., 412, 585, 612, 641, 643, 720, 771, 793, 815, 828, 973, 1003, 1013, 1045 f., 1081, 1182 f., 1190, 1399, 1443, 1619 f.); Christoph Uehlinger, *Weltreich und »eine Rede«. Eine neue Deutung der sogenannten Turmbauerzählung (Gen 11, 1–9)*, Freiburg (Schweiz), Göttingen 1990 (OBO 101), S. 108 f., 117, 130.

6 Claus Westermann, *Genesis 1–11*, Darmstadt 1972, S. 104.

7 Uehlinger, *Weltreich und »eine Rede«*.

8 Colin Renfrew, *The Emergence of Civilisation. The Cyclades and the Aegean in the Third Millennium B. C.*, London 1972, S. 5.

9 Vgl. Jan Assmann, »Stein und Zeit. Das ›monumentale‹ Gedächtnis der altägyptischen Kultur«, in: ders., Tonio Hölscher (Hg.), *Kultur und Gedächtnis*, Frankfurt/M. 1988, S. 87–114.

10 Eugen Drewermann, *Strukturen des Bösen*, Bd. 3, Paderborn 1988, S. 398.

11 Uehlinger, *Weltreich und »eine Rede«*, S. 361.

12 Z. n. ebd., S. 554.

13 Jan Assmann, *Das kulturelle Gedächtnis. Schrift, Erinnerung und politische Identität in frühen Hochkulturen*, München 1997, S. 147.

14 Uehlinger, *Weltreich und »eine Rede«*, S. 320.

15 Peter B. Machinist, »Über die Selbstbewußtheit in Mesopotamien«, in: Shmuel N. Eisenstadt (Hg.), *Kulturen der Achsenzeit. Ihre Ursprünge und ihre Vielfalt. Teil 1: Griechenland, Israel, Mesopotamien*, Frankfurt/M. 1987, S. 258–291, hier S. 272.

16 Das Thema »Namensymbolik in herrschaftsfreien Gesellschaften« ist damit keineswegs erschöpft. Vgl. etwa zu indianischen »Pools« von Eigennamen, deren *Verleihung* individueller Subjektformierung dient: Rüdiger Haude, Thomas Wagner, *Institutionelle Staatsverhinderung. Abschlussbericht des Forschungsprojekts »Unverfügbarkeit und Reflexivität« an die DFG*, Aachen/Dresden 1996, S. 199 ff.

17 Vgl. Friedrich Engels, »Der Ursprung der Familie, des Privateigentums und des Staats«, in: ders., Karl Marx , *Ausgewählte Werke*, Bd. 6, Berlin 1990, S. 15–197, S. 188 f.

18 Borst, *Der Turmbau von Babel*, S. 1209.

19 Pierre Clastres, *Staatsfeinde. Studien zur politischen Anthropologie*, Frankfurt/M. 1976, S. 203.

20 Rüdiger Haude, Thomas Wagner, *Herrschaftsfreie Institutionen. Texte zur Stabilisierung staatsloser, egalitärer Gesellschaften*, Heidelberg 2019, S. 82–104.

21 Gösta W. Ahlström, *The History of Ancient Palestine from the Paleolithic Period to Alexander's Conquest*, Sheffield 1993 (JSOT Suppl. 146), S. 30. – Auch Robert von Ranke-Graves und Raphael Patai (*Hebräische Mythologie. Über die Schöpfungsgeschichte und andere Mythen aus dem Alten Testament*, Reinbek 1990, S. 159 f.) meinen, die Erzählung erscheine deutlich von der Erfahrung des babylonischen Exils unter Nebukadnezar II und der erzwungenen Restaurationsarbeiten an der Zikkurat Etemenanki gefärbt; gleichwohl gebe sie eine »viel ältere Überlieferung« wieder.

22 Vgl. Gaalyahu Cornfeld, Gerhard Johannes Botterweck (Hg.), *Die Bibel und ihre Welt. Eine Enzyklopädie zur Heiligen Schrift in zwei Bänden*, Herrsching 1991, S. 519 (s. v. »Genesis«).

23 Uehlinger, *Weltreich und »eine Rede«*, S. 341.

24 Ebd., S. 504.

25 Conrad E. L'Heureux, *In & Out of Paradise. The Book of Genesis from Adam and Eve to the Tower of Babel*, Ramsey (NJ) 1983, S. 58–62.

26 Gerhard von Rad, *Das Erste Buch Mose. Genesis*, Göttingen 1981 (ATD 2–4), S. 112 f.

27 Westermann, *Genesis 1–11*, S. 98.

28 Walter Beltz, *Gott und die Götter. Biblische Mythologie*, Berlin, Weimar 1990, S. 87.

29 Mircea Eliade, *Geschichte der religiösen Ideen*, Bd. 1: *Von der Steinzeit bis zu den Mysterien von Eleusis*, Freiburg/Breisgau u. a. 1993, S. 161.

30 Wilhelm E. Mühlmann, *Die Metamorphose der Frau. Weiblicher Schamanismus und Dichtung*, Berlin 1981, S. 95.

31 Drewermann, *Strukturen des Bösen*, Bd. I, S. 278. – Vgl. zu »architektonischen Himmelsersteigungs-Mythen« anderer Völker: James George Frazer, *Folk-Lore in the Old Testament. Studies in Comparative Religion, Legend, and Law*, Bd. I, London 1919, S. 377–384; Hermann Baumann, *Schöpfung und Urzeit des Menschen im Mythus der afrikanischen Völker*, Berlin 1936, S. 256–260 (Afrika); Albrecht Frenz, »Der Turmbau«, in: *Vetus Testamentum* XIX (1969), S. 183–195 (Ayurveda); Peter Farb, *Word Play. What Happens When People Talk*, London 1974, S. 309 (Choctaw); T. W. Doane, *Bible Myths and Their Parallels in Other Religions*, New York o. J., S. 33–37; Andrew Dickson White, *Geschichte der Fehde zwischen Wissenschaft und Theologie in der Christenheit*, Bd. 2, Leipzig 1911, S. 138; Borst, *Der Turmbau von Babel*, S. 24–29; Westermann, *Genesis 1–11*, S. 102; Ranke-Graves/Patai, *Hebräische Mytho-*

logie, S. 159; Drewermann, *Strukturen des Bösen*, Bd. I, S. 278 ff.; Bd. II, S. 504 ff. Es fällt auf, dass gerade die unabhängigen Parallelmythen Afrikas (Subiya, Hungwe) das scheiternde Himmelbauprojekt als eines zur Gewinnung von Emblemen politischer Macht beschreiben, vgl. Hermann Baumann, *Schöpfung und Urzeit des Menschen im Mythus der afrikanischen Völker,* Berlin 1936, S. 256, 259; und Drewermann, »Strukturen des Bösen«, Bd. II, S. 508.

32 So z. B. Frank Crüsemann, *Der Widerstand gegen das Königtum. Die antiköniglichen Texte des Alten Testamentes und der Kampf um den frühen israelitischen Staat*, Neukirchen-Vluyn 1978 (Wissenschaftliche Monographien zum Alten und Neuen Testament, Bd. 49), S. 29–31, 41.

33 Franz Kafka, »Das Stadtwappen«, in: ders., *Sämtliche Erzählungen*, Frankfurt/M. 1976, S. 306 f., hier S. 307.

Jona

* Vgl. Haude, »Frei-Beuter. Charakter und Herkunft piratischer Demokratie im frühen 18. Jahrhundert«, in: *Zeitschrift für Geschichtswissenschaft*, 56. Jg. (2008), Nr. 7/8, S. 593–616.

1 Platon, *Politeia* VI 4, 487e–489e.

2 Vgl. ThWNT III, 1035, und weiter Koehler/Baumgartner, *Lexicon in Veteris Testamen-*

tis Libros, Leiden 1958, S. 1025, 272: *tachbulot* »Steuerung, kluge Lenkung« ist selbst ein Seefahrt-Begriff; vgl. *chobel* »Matrose« (von »Seil«).

3 Eine Parallele dieser politischen Sichtweise findet sich später im selben Buch. Jona, unter Einsatz eines großen Fischs gerettet, folgt der zweiten Aufforderung Gottes, nach der assyrischen Hauptstadt Ninive zu gehen und ihr die Vernichtung (»Umsturz«, Jona 3, 4) anzusagen. Infolge seiner Androhung kehrt die Bevölkerung Ninives von ihrem bösen Tun um, und Gott verschont die Stadt. Nun wird zwar ausführlich der »Befehl« des assyrischen Herrschers zitiert, der ein großes Fasten und Kasteien anordnet (3, 6–9), zuvor aber sind bereits die »Männer Ninives«, also die Bevölkerung, in Aktion getreten; »sie riefen Kasteiung aus, kleideten in Sackleinen sich, von Groß bis Klein« (3, 5). Das heißt, der mächtigste Herrscher seiner Zeit ordnet nur an, was im Wesentlichen ohnedies, ohne sein Zutun, geschieht.

4 Vgl. für diese Interpretation der Turmbau-Erzählung den vorigen Text des vorliegenden Bandes.

5 Das im aktuellen Evangelischen Gesangbuch als Nr. 604 geführte Lied »Ein Schiff, das sich Gemeinde nennt« ist, obwohl es die Besatzung dieses Schiffes ebenfalls ohne Kapitän konzipiert, wesentlich skeptischer gegenüber

herrschaftsfreier Kommunikation. So heißt es in der 4. Strophe: »Im Schiff, das sich Gemeinde nennt, / fragt man sich hin und her: / Wie finden wir den rechten Kurs / zur Fahrt im weiten Meer? / Der rät wohl dies, der andre das, / man redet lang und viel / und kommt – kurzsichtig, wie man ist – / nur weiter weg vom Ziel.«

6 Vgl. Dietmar Peil, *Untersuchungen zur Staats- und Herrschaftsmetaphorik in literarischen Zeugnissen von der Antike bis zur Gegenwart*, München 1983, S. 756–793.

Textnachweise

1. »Anarchie im Alten Testament. Christian Sigrists soziologischer Beitrag zur Religionswissenschaft«, in: *junge Welt* 68 vom 21.3.2015, Beilage »faulheit & arbeit«, S. 6 f.
2. »Alphabet und Demokratie«, in: *Saeculum. Jahrbuch für Universalgeschichte*, 50. Jahrgang 1999, 1. Halbband, S. 1–28.
3. »Die Faust im Wappen. Der Turmbau zu Babel als Herrschaftschiffre«, in: Günter Best, Reinhart Kößler (Hg.): *Subjekte und Systeme. Soziologische und anthropologische Annäherungen. Festschrift für Christian Sigrist zum 65. Geburtstag*, Frankfurt/M. 2000, S. 61–71.
4. »Jona – von der Überflüssigkeit des Steuermanns«, in: *Texte & Kontexte* 97, 26. Jg. (2003), S. 44–47.

Erste Auflage Berlin 2023

Großbeerenstraße 57A | 10965 Berlin
info@matthes-seitz-berlin.de

Satz: Monika Grucza-Nápoles, Gdynia
Druck und Bindung: GGP Media GmbH, Pößneck
Umschlaggestaltung nach einer Idee von
Pierre Faucheux
ISBN 978-3-7518-0574-2
www.matthes-seitz-berlin.de

Florian Mühlfried
Unherrschaft und Gegenherrschaft

125 Seiten, Klappenbroschur

Herrschaftsmisstrauen ist in Zeiten von Corona suspekt geworden. Wo Schamaninnen neben Reichsbürgern demonstrieren, wird Querdenken zum Albtraum. Dabei gerät schnell das politische Potenzial von Misstrauen aus den Augen. Als internalisierte Gegenherrschaft trägt es wesentlich zur demokratischen Kontrolle bei. Und als Praxis der Unherrschaft wirkt es der Verhärtung von Herrschaft entgegen. Auf der Grundlage von Fallmaterial aus dem Kaukasus werden Wege skizziert, Misstrauen in politisches Engagement zu überführen. Florian Mühlfried erweitert in diesem engagierten Essay Denkhorizonte und lädt ein, politische Formen jenseits der aktuellen Ordnungen neu zu denken, ohne die Ordnung der Anderen zum Leitfaden zu nehmen.

»Mühlfrieds Verdienst besteht darin aufzuzeigen, in welchem Maße Herrschaft auch ihren vermeintlich klaren Gegenmodellen von gewohnheitsrechtlichen, ritualisierten Praxisformen innewohnt.«
– Jens Kastner, *Tagebuch*

Thomas Wagner

Fahnenflucht in die Freiheit.
Wie der Staat sich seine Feinde schuf –
Skizzen zur Globalgeschichte der Demokratie

271 Seiten, Hardcover mit Schutzumschlag

Bis weit in die Neuzeit hinein lebte ein großer Teil der Menschheit in Gesellschaften ohne Staat, auch, weil er sich dem Zugriff der Herrschenden entziehen wollte. Thomas Wagners radikale Revision der Demokratiegeschichte folgt diesen Menschen auf ihren vielfältigen Wegen. Erzählungen über das ungebundene Leben »edler Wilder« und »Amazonen«, Freibeuter und Beduinen regten überall auf der Welt die politischen Fantasien derjenigen an, die weiter in Unfreiheit leben mussten. Wagner zeigt dabei, dass die Idee der Freiheit keineswegs ihren Ursprung allein in Europa hat und plädiert für eine dringende Dekolonisierung unseres politischen Denkens.

»Kundig deutet Wagner auf die Gitterstäbe des sozialen Käfigs hin und führt vor Augen, dass eine Flucht in die Freiheit immer möglich ist.«
– Dominik Erhard, *Philosophie Magazin*

Kristin Ross
Luxus für alle.
Die politische Gedankenwelt der Pariser Kommune

Aus dem Englischen von Felix Kurz
200 Seiten, gebunden mit Schutzumschlag

72 Tage trotzten die Aufständischen der Pariser Kommune nach dem Abzug der preußischen Truppen im Winter 1870/71 der nationalen Restauration. Kristin Ross zeichnet den Vorstellungshorizont der Pariser Kommunarden und Kommunardinnen nach, dessen Experiment der demokratischen Selbstorganisation von der Gleichstellung der Geschlechter, über eine Neuerfindung der politischen Willensbildung bis hin zu der Vorstellung eines gemeinsamen Luxus geht. In *Luxus für alle* wird ein welterschütterndes Denken beschrieben, das bis heute nichts von seiner revolutionären Strahlkraft verloren hat.

»Glänzend und erfrischend unakademisch geschrieben. Literarischer Genuss und ideale Wegzehrung für kommende politische Kämpfe.«
– Richard Schuberth, *Tagebuch*